PARIS

Couleur d'enfance

Monique DESSONS

PARIS
couleur d'enfance

Illustrations de Jean-Jacques VAYSSIERES

LES PRESSES FRANCILIENNES

Devinette

(…)
Qui est là
toujours dans la ville
et qui pourtant sans cesse arrive
et qui pourtant sans cesse s'en va

C'est un fleuve répond un enfant
un devineur de devinettes
Et puis l'œil brillant il ajoute
Et le fleuve s'appelle la Seine
quand la ville s'appelle Paris.
(…)

Jacques Prévert

ISBN: 2-952 0091-2-0

SOMMAIRE

Des goûts et des couleurs...

Classique ou Historique

Amusant, récréatif

Insolite

Gourmand

INTRODUCTION

Il est sur la rivière Seine une ville aux vieux jardins peuplés de rires, une ville intemporelle, tour à tour naïve, somptueuse ou tendre. Lorsqu'on a la chance de passer son enfance à Paris, ou d'y venir en visite dans son jeune âge, comme il serait dommage de passer juste à côté de cette ville fée sans apprendre à la connaître et à l'aimer !

De temps en temps, les enfants pourront visiter un grand classique : Notre-Dame, Tour Eiffel, Sacré-Cœur... Mais il n'est jamais trop tôt pour se laisser charmer en découvrant une ville plus secrète, moins connue et d'autant plus attachante. Il est à Paris tant de ruelles droit sorties d'un autre temps, tant de maisons plusieurs fois séculaires et de boutiques envoûtantes qu'il fait bon découvrir en flânant !

Ce matin à Vincennes, un bébé phoque est né. Amarrée au pied d'un escalier géant, une jonque exotique attend ses moussaillons. En quelque adresse secrète, des poupées d'un autre siècle refont leurs boucles, leurs cils et leur regard de porcelaine... Mais voici que se lèvent des mystères : voûte bleue cloutée d'étoiles, antre du magicien, vieux passages assoupis, souterrains profonds. Puis vient la nuit avec sa féerie : fontaines lumineuses, rivières scintillantes, croisières au clair de lune.

Il est sur la rivière Seine une ville aux fraîches couleurs d'enfance, une ville toute proche et poétique, qui invite petits et grands aux plaisirs simples, aux fêtes enchantées, aux découvertes émerveillées.

LA BELLE HISTOIRE DE PARIS RACONTEE AUX ENFANTS

Au début était une île avec des huttes.

Il était une fois une île, toute petite au milieu d'une grande rivière. Dans cette île habitait la paisible peuplade des **Parisii**, chassant le gibier d'eau, pêchant le poisson et construisant des huttes de roseaux.

A cette époque, la France n'existait pas encore et tout cela se passait dans un pays qui s'appelait la Gaule.

Les Parisii, installés depuis longtemps sur leur île au milieu de la rivière **Sequana**, apprirent à cultiver la terre, à travailler le bronze et l'or, et s'enrichirent. A la place des huttes de roseaux, ils bâtirent sur l'île une petite cité appelée **Lutetia,** dont les maisons étaient de bois avec un toit de chaume.

Les Romains envahissent Lutetia

C'est alors que vinrent les **Romains**, qu'on appelait aussi les latins. Ils mirent le feu à Lutetia et construisirent une ville nouvelle de l'autre côté de la rivière Sequana, dans un endroit qu'on appelle aujourd'hui le quartier latin. Leur ville à eux était plus solide, bâtie en pierre avec des toits de tuiles.

Les Romains avaient l'habitude de construire des installations luxueuses, très raffinées, où l'on trouvait eau chaude, eau froide pour se laver : ces endroits s'appelaient **les Thermes.** Et là où s'ébattaient naguère des lapins sauvages, d'immenses gradins furent élevés pour accueillir d'immenses foules qui venaient les jours de fête applaudir des pièces de théâtre ou les jeux du cirque ; cet endroit s'appelait **les Arènes**.

Peu à peu Romains et Parisii commencèrent à se connaître, certains s'aimèrent et se marièrent, eurent des enfants. Un nouveau peuple naissait, qui parlait plus ou moins latin et qu'on appela les **Gallo-Romains**.

Saint-Denis et Sainte-Geneviève, Paris devient chrétien

Les Gallo-Romains n'avaient jamais entendu parler de Jésus-Christ ; ils étaient païens.

Mais le pape de ce temps-là leur envoya **un évêque, Denis**, qui leur fit connaître l'Evangile. Comme bien des chrétiens de cette époque, Denis fut martyrisé. A Montmartre, sur le mont des martyrs, on le tortura et lui coupa la tête. Selon la légende, Denis ramassa sa tête, la lava à la fontaine et marcha jusqu'à un endroit éloigné, où fut construite plus tard la basilique Saint-Denis.

Mais voilà que de terribles épreuves s'abattirent sur Lutetia : des étrangers venus de l'Est, montés sur des petits chevaux rapides comme le vent, envahirent la ville, pillant, brûlant et massacrant tout ce qui était sur leur chemin. Ceux-là s'appelaient **les Barbares**.

Une première fois, les Barbares avaient tout détruit à Lutetia. Terrifiés, les habitants de la nouvelle ville gallo-romaine s'étaient réfugiés sur l'île de la cité des Parisii et en avaient coupé les ponts.

Et voici que les troupes d'**Attila,** le plus cruel de tous les Barbares, s'apprêtaient à envahir la ville une nouvelle fois. Morts de peur, les habitants voulaient s'enfuir.

C'est alors qu'une jeune bergère de Nanterre, une forte et pieuse jeune fille nommée **Geneviève** réussit à calmer les parisiens et obtint par ses prières que les Barbares passent par un autre chemin. Paris était sauvé !

Car désormais on ne disait plus Lutetia, mais **Paris,** en souvenir des lointains Parisii, qui n'auraient pourtant rien reconnu s'ils étaient revenus. Sainte Geneviève avait en tout cas bien mérité de devenir **la patronne de Paris**.

Les Francs, les rois et le début du Moyen Âge

Pendant ce temps, **les Francs**, tribu venant de Germanie, avaient envahi la Gaule et battu l'armée romaine à Soissons. Leur chef, **Clovis,** devenait roi de tout un territoire qui peu à peu allait devenir la **France,** avec Paris pour capitale.
Des années de paix s'ouvrirent alors. On se mit à construire de hautes maisons de bois, à jeter des ponts par-dessus la Seine, ou Sequana. On fit venir par bateau de belles marchandises, du grain, du bois, des tissus. Sur la Seine, les bateliers se bousculaient ; dans toute la ville des marchands ouvraient boutique ; les mères de famille, un pot sur la tête, allaient chercher le lait tandis que les enfants couraient dans les rues, au milieu des poules et des cochons. Cela faisait un joyeux tohu-bohu ! On était entré dans une très, très longue période de l'histoire de France, qu'on appela le **Moyen Âge**.

A cette époque vécurent de grands rois qui habitaient dans un **palais sur l'île de la Cité.** Certains de ces rois sont restés célèbres : **Dagobert**, **Pépin le Bref,** qu'on appela ainsi parce qu'il était très petit ; et surtout **Charlemagne**, fils de Pépin le Bref. On ne sait pas si Charlemagne était petit comme son père, mais il devint un très grand roi et se fit même couronner empereur. Cela se passait en l'an 800.

Philippe Auguste construit un mur, Saint-Louis bâtit la Sainte-Chapelle

Paris s'enrichissait. Un nouveau roi, **Philippe Auguste,** décida qu'il fallait protéger la ville et construire un mur, très épais et très solide. **Le mur de Philippe Auguste** était si solide en effet que par-ci, par-là, des morceaux en restent encore, parfois dans des endroits bizarres, comme le fond d'une cour ou la cave d'une maison.

Bien à l'abri derrière sa forte muraille, Paris ne faisait que croître et embellir. Des chefs-d'œuvre commençaient à se construire, dont certains existent encore : **Notre-Dame**, qui est la cathédrale des parisiens depuis huit siècles maintenant ; la **Sainte-Chapelle**, que **Saint-Louis** fit bâtir pour abriter la couronne d'épines que portait le Christ le jour de sa mort.

Le roi Saint-Louis était charitable et bon ; il soignait les lépreux et rendait la justice sous un chêne à Vincennes ou dans son palais de l'île de la Cité. Saint-Louis est l'un des derniers rois qui ait habité ce palais. Ensuite c'est le **palais du Louvre** qui devint la demeure des rois de France.

Le pays connaît alors une longue période de troubles, avec la **guerre de Cent ans** qui oppose la France et l'Angleterre. Les Anglais s'emparent de Paris. C'est l'époque où une toute jeune fille habitant la Lorraine se sent appelée par Dieu à sauver la France : elle s'appelle Jehanne, ou **Jeanne d'Arc** et vient jusqu'à Paris pour se battre contre les Anglais.

La Renaissance

Enfin, la France sort de cette longue période de guerre et le Moyen Âge se termine. Sous le règne de **François 1er**, ami des arts, une époque nouvelle commence : c'est **la Renaissance**.
Paris se transforme comme par un coup de baguette magique : des fontaines décorent la ville, on donne des fêtes, on apprend à parler italien, on protège les artistes. De beaux hôtels particuliers en pierre blanche remplacent les vieilles maisons de bois (à cette époque, on appelait hôtel une grande et belle maison, ce qui n'avait rien à voir avec les auberges où les gens pouvaient passer la nuit lorsqu'ils étaient en voyage).

Hélas, voici de nouveau des heures noires, les plus noires de l'histoire de France, peut-être... Depuis le temps lointain de l'évêque Denis, les parisiens et le pays tout entier ont appris à prier Dieu, à construire des églises et à aller à la messe. Il y a bien longtemps déjà que la France est devenue catholique, obéissant au pape de Rome. Mais, peu à peu est apparue également la religion protestante, qui s'est détachée du pape. La France entre dans la terrible période des **guerres de Religion**.

Le 23 août 1572, jour de la Saint-Barthélemy, la reine Catherine de Médicis ordonne que soient massacrés tous les protestants de Paris : des centaines et même des milliers d'hommes, de femmes et d'enfants sont égorgés dans la nuit ; c'est le tristement célèbre **massacre de la Saint-Barthélemy**.

A quelque temps de là, le nouveau roi de France, **Henri IV**, est béarnais et protestant. Aussi, lorsqu'il quitte sa province pour venir à Paris, où habitent les rois de France, les Parisiens ne le laissent pas entrer. Henri IV se convertit à la religion catholique et prononce ces mots célèbres : « *Paris vaut bien une messe !* ».

Par la suite, les Parisiens aimèrent beaucoup leur bon roi Henri et prirent le deuil lorsque celui-ci se fit assassiner par Ravaillac.

Louis XIII succède à son père Henri IV, puis meurt à son tour alors que le petit roi Louis XIV n'a que onze ans.

Du Roi Soleil à la Révolution

Louis XIV est un véritable enfant de Paris. Il fut baptisé à l'Eglise **Saint-Eustache**, une très belle église qui existe toujours, dans le quartier des Halles. Il passa une partie de son enfance au **Palais Royal** et joua dans un jardin où viennent encore les petits Parisiens d'aujourd'hui ; comme il était turbulent et n'obéissait guère à sa nourrice, Louis XIV enfant tomba un jour dans le bassin de ce jardin et faillit se noyer. Peut-être voulait-il attraper un poisson?

Mais par la suite, Louis XIV, devenu **le Roi Soleil**, délaissa Paris, le Louvre et le Palais Royal et préféra habiter dans son magnifique château de Versailles.

A Paris, un nouveau quartier devenait à la mode : le quartier du **Marais** (eh oui ! Les marécages où les anciens Parisii allaient chasser le gibier d'eau et cueillir des roseaux). Autour de la **place Royale** (qui s'appelle aujourd'hui la place des Vosges), on construisit à cette époque de superbes hôtels particuliers, comme celui de la Marquise de Sévigné (aujourd'hui occupé par le musée Carnavalet).

Après Louis XIV, la France eut encore deux rois : **Louis XV**, puis **Louis XVI**, qui finit tragiquement ses jours, guillotiné sur la place de la Concorde pendant la **Révolution française**.

La Révolution avait débuté à Paris, la nuit du 14 juillet 1789, avec la **prise de la Bastille** : la Bastille était une forteresse qui servait de prison et où étaient entreposées des armes. En révolte contre le roi, la noblesse et le clergé (c'est-à-dire les prêtres), le peuple de Paris veut s'emparer de ces armes et marche sur la Bastille en chantant « *ah ça ira, ça ira* ». La Bastille fut prise et totalement détruite dans la nuit. Les nobles furent emprisonnés à la Conciergerie, d'où ils partaient dans des charrettes pour être guillotinés place de la Concorde, qui fut appelée à cette époque **place de la Révolution**.

La France n'avait plus ni roi ni reine. C'était la République.

Premier Empire, Second Empire

La République dura quelques années seulement, puis fut renversée par un jeune général corse, **Napoléon Bonaparte**, qui se fit sacrer empereur à **Notre-Dame** en 1804. Depuis Charlemagne, c'était la première fois que la France avait un empereur. Ce fut une époque qu'on appela **l'Empire.**

A Paris, Napoléon fit construire **l'Arc de Triomphe de l'Etoile** et des ponts auquel il voulut donner le nom de ses grandes victoires militaires : Austerlitz et Iéna. Les belles dames se promenaient en robes transparentes à taille haute et manches ballons ; on les appelait *les Merveilleuses.* Elles étaient accompagnées de messieurs eux aussi très élégants, qu'on appelait *les Incroyables*.

Après l'Empire, la France change plusieurs fois de gouvernement jusqu'au **Second Empire,** dirigé par **Louis-Napoléon Bonaparte,** que l'on appelle aussi Napoléon III.

Pendant le Second Empire, Paris se transforme : jusqu'alors, c'était une ville qui ressemblait encore beaucoup à celle du Moyen Âge, avec d'étroites rues tortueuses et de vieilles maisons penchées. Désormais de grandes rues, des avenues toutes droites et de vastes places vont être ouvertes, sous la direction du **baron Haussmann.**

Pendant les travaux, une curieuse aventure se produit : en perçant une de ces nouvelles rues (la rue Monge) on remet à jour les Arènes de Lutèce, celles qui avaient été construites par les Gallo-Romains puis enfouies sous la terre et les décombres au fil des siècles ! Aujourd'hui, les Arènes sont encore là, fréquentées par les moineaux et par les enfants qui s'amusent à grimper sur les gradins.

C'est toujours sous le Second Empire que fut aménagé au bois de Boulogne un jardin que les enfants d'aujourd'hui connaissent bien : le **jardin d'Acclimatation**, appelé ainsi parce qu'on y « acclimatait » des plantes exotiques et des animaux des pays lointains.

Au jardin d'Acclimatation et au jardin des Tuileries, les enfants du Second Empire se promenaient avec leur bonne ou leur maman ; les petites filles étaient drôlement habillées avec une immense robe gonflée par une cage en fer ou en crin appelée crinoline ; sous leurs robes, elles portaient des pantalons bordés de dentelle. On les appelait les **Petites filles modèles**.

Guerres et Expositions

Quelques années plus tard, le Second Empire est remplacé par une **nouvelle République**. Désormais il n'y aura plus de roi ni d'empereur en France, mais des présidents de la République.

La vie des parisiens à cette époque est très dure ; la France est en guerre contre la Prusse, c'est **la guerre de 1870**. Les Prussiens encerclent Paris ; les Parisiens n'ont plus rien à manger et se nourrissent comme ils le peuvent : de rats, de vieux cuir bouilli, ou encore en tuant et faisant rôtir les animaux sauvages du jardin des Plantes et du jardin d'Acclimatation.

A la même époque, de nouvelles révoltes se produisent, opposant les parisiens entre eux : C'est ce qu'on a appelé **La Commune**, pendant laquelle Paris fut en grande partie brûlé : Notre-Dame et la Sainte-Chapelle ne furent sauvées de l'incendie que par miracle. Le grand écrivain Victor Hugo a imaginé dans un roman un enfant du nom de **Gavroche**, un petit Parisien typique de l'époque, qui périra tué d'une balle pendant la Commune.

En 1889, une grande **Exposition Universelle** a lieu à Paris : toutes les nouveautés des sciences et de la technique, comme les dernières améliorations de l'électricité et du téléphone, sont montrées au public venu du monde entier. Pour l'occasion, l'ingénieur Eiffel a construit une très haute tour de métal. A l'époque, avec ses 300 mètres, la **Tour Eiffel** est le plus haut édifice du monde et impressionne beaucoup les visiteurs de l'exposition.

On change de siècle

Bientôt on change de siècle : la nuit du 31 décembre 1899, les Parisiens sont émus, anxieux, et comme le monde entier ils font la fête en attendant que résonne le premier coup du siècle nouveau.

Nous voici en 1900, année d'une nouvelle Exposition Universelle : on y fait connaissance avec l'**automobile**, qui peu à peu va remplacer les fiacres et les omnibus à cheval dans les rues de Paris.

Au vingtième siècle, deux fois la ville manque d'être détruite, pendant les guerres de 1914-1918 et de 1939-1945. Mais Paris résiste, une fois de plus.

Dans la seconde moitié du XXème siècle, de nouveaux monuments se construisent : Beaubourg, avec ses drôles de tuyaux bleus et rouges courant sur la façade, la Grande Pyramide de verre du Louvre, l'Arche de la Défense... Des trains ultra-perfectionnés courent sous terre et complètent le vieux métro : le RER et le futuriste métro Météor, qui marche sans conducteur.

Une fois encore on change de siècle. Une fois encore, les Parisiens émus font la fête dans les rues, en attendant que résonne le premier coup du XXIème siècle. Soudain, de grands feux magnifiques éclatent autour de la Tour Eiffel, illuminant le ciel. Et, quand s'éteignent les derniers bouquets de lumière, la grande Tour apparaît comme une reine, vêtue de pied en cap d'un manteau d'étincelles crépitantes.

Paris entre dans un nouveau millénaire, fidèle à sa devise « **fluctuat nec mergitur** », une phrase en latin qui signifie « il est battu par les flots mais ne sombre pas ».

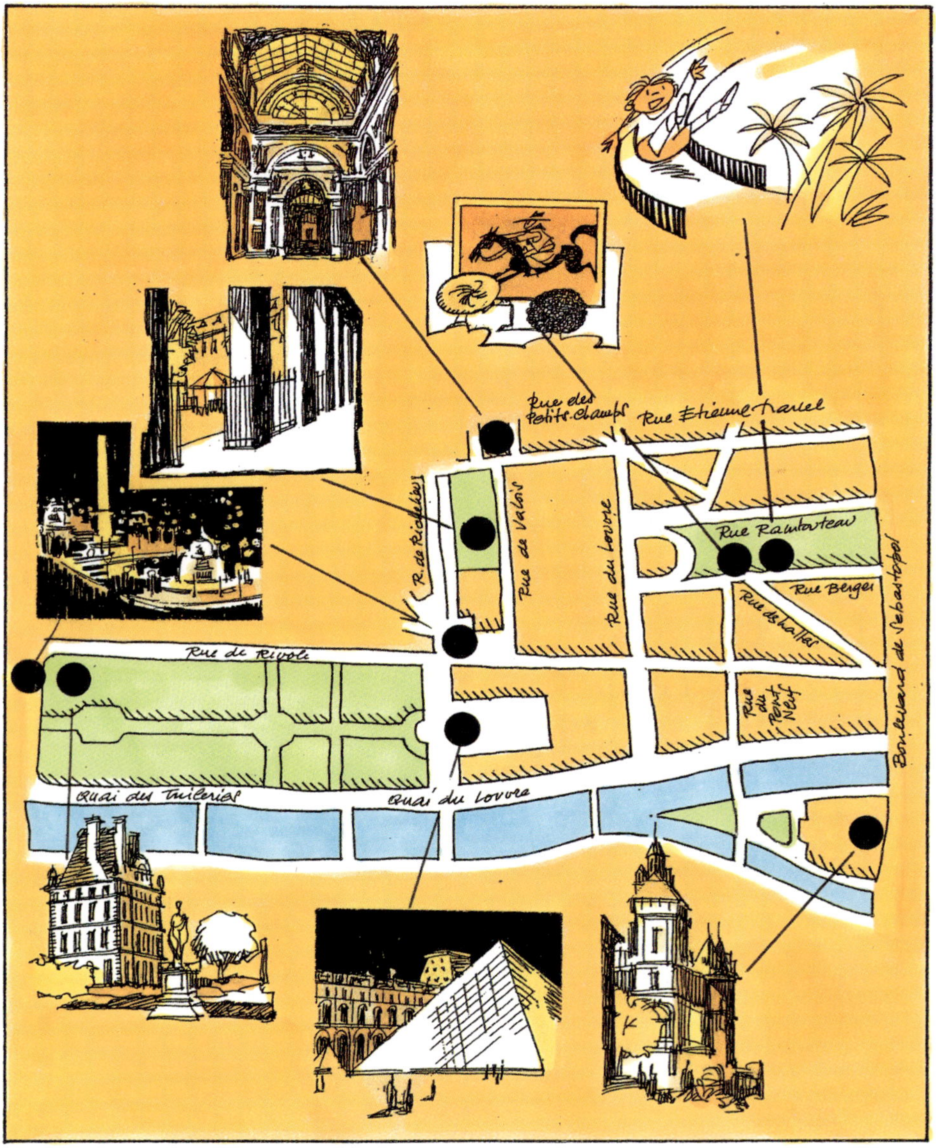
Rue des Petits Champs
Rue Etienne Marcel
R. de Richelieu
Rue de Valois
Rue du Louvre
Rue Rambuteau
Rue Berger
Rue des Halles
Rue du Pont Neuf
Boulevard de Sebastopol
Rue de Rivoli
Quai des Tuileries
Quai du Louvre

1er et 2ème Arrondissements

La Conciergerie

Entrée principale boulevard du Palais, 1er. Tél. 01 53 73 78 52
Métro Cité

A quelques pas de là

L'Horloge de la Conciergerie. Tour de l'Horloge, au coin du boulevard du Palais et du quai de l'Horloge.

La plus vieille horloge publique de Paris, commandée par Charles V en 1390. On y voit une inscription latine signifiant «Cette machine qui fait aux heures douze parts si justes enseigne à protéger la justice et à défendre les lois».

La Sainte-Chapelle.
1 bd du Palais. Tél. 01 53 73 78 52.
C'est le roi **Saint-Louis** qui fit bâtir la Sainte-Chapelle, pour abriter la couronne d'épines que portait le Christ le jour de sa mort. Saint-Louis avait fait venir de loin cette précieuse relique et, pieds nus comme un pauvre vagabond alors qu'il était roi, il la porta d'abord à Notre-Dame, puis la transféra plus tard à la Sainte-Chapelle.

Une audience au palais de Justice.
4 bd du Palais. Tél. 01 44 32 51 52.
A partir de onze-douze ans, certains enfants se plairont à découvrir le ballet bien réglé des avocats à larges manches. Les audiences civiles ont lieu tous les jours ouvrables, l'après-midi ; l'entrée est libre, sans limite inférieure d'âge. (Pour les audiences correctionnelles, l'âge minimum requis est de quinze ans.)

Halte gourmande : Le Paradis du Fruit.
29 quai des Grands-Augustins.
Tél. 01 43 54 51 42.
Sorbets et jus de fruits fraîchement pressés.

UN PALAIS AUX TOITS POINTUS

Il y a très, très longtemps, les anciens rois de France, comme Hugues Capet et Dagobert (mais oui, celui qui avait mis sa culotte à l'envers !) habitaient dans la vieille île de la Cité. Au même endroit, le roi Philippe le Bel fit construire vers la fin du Moyen Âge un nouveau palais magnifique, avec quatre tours à toit pointu comme dans les livres d'images : la **tour de l'Horloge**, la **tour de César,** la **tour d'Argent** et la **tour Bonbec**.
Mais bientôt les rois quittèrent l'île de la Cité, laissant leur palais à un haut fonctionnaire du royaume, appelé le Concierge. Plus tard encore, la Conciergerie fut transformée en prison ; la Reine Marie-Antoinette et plus de deux mille personnes y furent emprisonnées pendant la Révolution.

La visite de la Conciergerie peut intéresser les enfants à partir de dix ans (choisir la visite libre, de préférence aux visites guidées, trop longues). L'immense **salle des gens d'armes** avec ses voûtes hautes de huit mètres, ainsi que les cuisines anciennes avec leur énorme cheminée, donnent une idée de la vie du palais au temps des rois capétiens. Dans les étages, on voit la reconstitution de la cellule de **Marie-Antoinette** et une série de cachots où les prisonniers peu fortunés séjournaient sur la paille disposée à même le sol.

Jardin des Tuileries

Entrée place de la Concorde, 1er. Tél. 01 40 20 90 43
Métro Concorde

A quelques pas de là

Dans le jardin même : **Atelier « l'Enfance de l'Art »,** côté rue de Rivoli. Tél. 01 42 96 19 33.
Ateliers d'expression artistique, de contes, de jardinage ou d'observation des oiseaux. Renseignements par téléphone ou inscription sur place, à la séance.

Halte gourmande : salon de thé **Angelina.** 226 rue de Rivoli.
Tél. 01 42 60 07 12 Angelina fut célèbre autrefois sous le nom de *Rumpelmayer*. Les élégants s'y pressaient après leur promenade aux Tuileries, Marcel Proust en fut l'un des habitués. La grande spécialité de la maison est l'Africain, chocolat épais à déguster brûlant.

Librairie anglaise : **W.H. Smith.**
248 rue de Rivoli. Tél. 01 44 77 88 99. Livres en langue anglaise pour adultes et enfants, illustrés, cartes postales.

TUILERIES D'HIER ET D'AUJOURD'HUI

Les enfants sages du temps jadis venaient aux Tuileries jouer à la toupie ou au cerceau, et parfois s'ennuyaient ferme, comme la petite Edmée de 1910... Quant aux jeunes Parisiens d'aujourd'hui, chaque coin du vieux jardin leur réserve découvertes et amusements.
Premier plaisir dès l'entrée de la place de la Concorde : dans le bassin octogonal, de grosses carpes nonchalantes acceptent royalement l'aumône d'un peu de pain. Ensuite, la longue Terrasse au bord de l'eau et sa jumelle la Terrasse des Feuillants sont idéales pour courir à perdre haleine, tandis que les adultes prennent le temps d'admirer le jardin historique, restauré à l'aube du troisième millénaire : les Tuileries ont retrouvé leur éclat d'antan et la beauté des parterres à la française tels que les avait conçus Le Nôtre.

Une traditionnelle promenade à dos d'âne, un tour au manège à l'ancienne, une envolée dans les balançoires vertes à nacelles, une partie de glissade sur la piste pour patins à roulettes... On arrive bientôt en vue du bassin rond, réservé **aux petits bateaux.** Comme au Luxembourg, on peut venir ici avec son voilier ou en louer un. Par bon vent, les voiles rouges et bleues, pâlies par le temps, se gonflent et voguent gaiement. Mais parfois la brise tombe et les frêles esquifs penauds restent immobiles autour du jet d'eau !

La promenade se termine à l'Arc de Triomphe du Carrousel, gracieux édifice de marbre rose, érigé pour célébrer les victoires de Napoléon. D'ici, on peut observer la longue perspective parisienne du Grand Axe : arc du Carrousel, Obélisque, arc de Triomphe de l'Etoile, Grande Arche.

Une promenade aux Tuileries, vers 1910.

« Nous arrivions sur la terrasse des Tuileries, cerceaux sur le bras ou toupies et fouets à la main. Au début, cela n'allait pas trop mal. La terrasse était presque déserte. Nous n'avions pas le droit, hélas, d'en descendre. En bas, volaient les microbes véhiculés par les enfants qui couraient, sautaient, s'attrapaient avec des cris de joie. Les malheureux couvaient peut-être une scarlatine ou une rougeole...
Nous restions donc perchées sur notre terrasse, allant et venant le long des grilles comme des prisonnières. Elle se remplissait peu à peu de passants pressés, d'amoureux se tenant par la taille, de vieilles personnes fatiguées, ou de nourrices poussant leurs landaus. Nous croisions notre petite sœur qui nous faisait des signes désespérés.
On remettait le cerceau sur le bras, et nous attendions qu'un coup d'œil à la grosse horloge au coin du métro fît dire à notre Allemande que la promenade était finie. »

Edmée Renaudin, Edmée au bout de la table.

Jardin des Enfants des Halles

105 rue Rambuteau, allée Victor-Baltard, 1er. Tél. 01 45 08 07 18
Métro Les Halles, Châtelet

Détails pratiques : droit d'entrée modique (moins d'un demi euro). Entrée toutes les heures, avec horaires d'ouverture variables et compliqués. Il est recommandé de s'inscrire à l'avance par téléphone
Clin d'œil aux parents curieux : le samedi matin les adultes sont admis dans le jardin avec leur enfant.

A quelques pas de là

Manège ancien (le plus vieux de Paris), sur la dalle du Forum. Il tourbillonne inlassablement, à la grande joie des petits frères et sœurs n'ayant pas encore atteint l'âge requis pour pénétrer dans le territoire enchanté du Jardin des Halles.

Eglise Saint-Eustache. 2 rue du Jour. Bâtie aux XVIème et XVIIème siècles, d'architecture gothique, c'est la plus grande église de Paris après Notre-Dame. Echouée sur le parvis moderne, au milieu d'une espèce de labyrinthe dessiné au sol, une énorme tête en pierre de Henri de Miller, *l'Ecoute,* intrigue et amuse les enfants.

Un monde à part. 16 rue des Halles. Tél. 01 42 33 68 97. Maisons de poupées avec tous leurs accessoires miniatures, peluches pleines de tendresse et jeux divers.

Halte gourmande : **Stohrer.**
51 rue Montorgueil, Tél. 01 42 33 88 20. Dans la commerçante rue Montorgueil, cette pâtisserie au beau décor existe depuis sa fondation en 1730 par l'un des chefs pâtissiers de Louis XV.

UN JARDIN INTERDIT AUX PARENTS

Ah le Jardin des Enfants des Halles ! Les jeunes aventuriers ne s'en lassent pas, abandonnant allègrement leurs parents à la porte pour se lancer à l'assaut des mondes extraordinaires conçus à leur intention.
Le **monde mou** offre l'occasion de s'enfoncer voluptueusement dans une piscine à boules (attention chaussures bien fermées de rigueur, les ballerines des demoiselles trop coquettes ont tendance à se perdre au fond des flots !). Avec son piège à tigre, sa forêt de bambous et sa cascade, le **monde sauvage** exige une certaine bravoure. Il demande aussi un brin d'agilité pour franchir le pont de singe... Tout aussi palpitants sont le **monde volcanique** et **l'île mystérieuse**, où les jeunes Robinson accèdent par un toboggan. Le **monde géométrique et sonore** est plus reposant, invitant à toucher et marcher pour produire des sons. Quant au **monde antique**, orné comme il se doit de colonnes à l'ancienne, il met à l'épreuve le sens de l'orientation des explorateurs, condamnés à trouver l'issue d'un labyrinthe.

Toutes ces merveilles sont strictement réservées aux sept-onze ans. Des animateurs sont présents, proposant des jeux ou surveillant discrètement les jeunes indépendants qui préfèrent découvrir le jardin à leur guise.
Une heure plus tard, les parents retrouvent un enfant au visage rose, ne rêvant que de recommencer le parcours. Oui, on reviendra, mais un samedi matin, seul jour où l'entrée du fabuleux jardin est autorisée aux adultes !

DES IMAGES PAR MILLIERS

Il était une fois, au-dessus de l'agitation du forum des Halles, un grand navire silencieux abritant des salles obscures...

Muni d'un forfait pour la journée, on s'y embarque pour une **croisière cinématographique** personnalisée. Même si l'on vient à plusieurs, on navigue seul. Equipé d'un casque, installé dans un bon fauteuil, devant une console de type Minitel avec écran individuel, chacun choisit son propre programme dans un menu de plus de six mille films. Il ne reste qu'à appuyer sur la touche « envoi » et à attendre une minute ou deux pour que la « commande » arrive et s'anime à l'écran. C'est magique !

Tous ces films sont des « archives » (parfois très récentes) ayant Paris pour sujet ou pour décor, de 1895 à nos jours. Ce sont aussi bien des longs métrages célèbres ou non, que des documentaires, des actualités ou des émissions de télévision.

Un moteur de recherche d'utilisation simple, disponible à l'avance par Internet ou sur place dans la salle de visionnage, permet de sélectionner des films à partir d'un mot ou d'un thème. En tapant par exemple football, dessins animés ou de Funès, un enfant est capable de se concocter un programme correspondant à sa curiosité et à ses goûts.

Dans une salle voisine, au Cyberport, petits et grands sont conviés à s'initier à Internet et, guidés par un animateur, à profiter d'une demi-heure de connexion gratuite.

Pour ceux qui n'en auraient pas encore assez, le Forum des Images projette quotidiennement quatre films sur grand-écran, indépendamment des archives accessibles individuellement. De quoi satisfaire les goûts de toute la famille.

Forum des Images

Porte St Eustache, Forum des Halles, 1er. Tél. 01 44 76 62 00
Métro Les Halles, Châtelet
Site Internet : http://www.forumdesimages.net

Autres possibilités offertes par le Forum des Images

Les Après-midi des enfants. Tous les mercredis et samedis à 15 h, une séance de cinéma, suivie d'un **débat** et d'un **goûter,** est proposée aux jeunes spectateurs (de 3 ans à 10-12 ans, selon les films). Alternant grands classiques (*Le Ballon rouge, Zazie dans le métro...)* et œuvres peu connues, la programmation est remarquable.

Une journée pour découvrir les coulisses du cinéma et tous les secrets de fabrication d'un film. Programmes différents pour les 5-8 ans et les 8-10 ans. A midi, on apporte son pique-nique.

A quelques pas de là

Pour s'aérer un peu, après des heures passées dans la pénombre, le **Jardin des Halles** offre ses arbres et ses pergolas fleuries sur la dalle au-dessus du Forum (à ne pas confondre avec le *Jardin des Enfants des Halles,* jardin d'attractions décrit page précédente).

LE CHARME SURANNÉ DU PALAIS-ROYAL

Au Palais-Royal, les enfants ne disposent pas d'équipements spécialisés. Livrés à eux-mêmes, dans ce lieu doucement à l'écart du temps, bercés par le frais murmure des jets d'eau, ils inventent leurs propres jeux. Savent-ils qu'ils eurent un illustre prédécesseur ? Le turbulent dauphin, futur Louis XIV, jouait jadis dans ce jardin. Un jour, il tomba dans le bassin et faillit s'y noyer.

Le futur Louis XIV avait cinq ans lorsqu'il vint, avec son jeune frère et leur mère Anne d'Autriche, habiter le Palais-Cardinal, que leur avait légué Richelieu. Dès lors, l'endroit prit le nom de Palais-Royal. Déjà conscient de sa haute destinée, le jeune Louis y jouait au roi et à la reine avec une petite compagne qu'il appelait la « reine Marie ».

Sous les arcades, les galeries ont cessé de voir passer élégants en hauts chapeaux et belles dames jouant de l'éventail, mais abritent quelques boutiques charmantes qui plairont aux filles comme aux garçons : jouets, soldats de plomb, miniatures, boîtes à musique. Si faim et soif se font sentir, on pourra s'installer à la terrasse du salon de thé « **Muscade** », ou simplement tirer des chaises en bordure du bassin et sortir le goûter.
En quittant le Palais-Royal par la Cour d'Honneur, les enfants seront sans doute intrigués par les **colonnes de Buren**, curieusement rayées de blanc et noir, qu'ils auront vite fait de convertir en terrain de chat perché.

L'instrument des merveilles

« Un autre jeu dont je raffolais, c'est cet instrument de merveilles qu'on appelle kaléidoscope : une sorte de lorgnette qui, dans l'extrémité opposée à celle de l'œil, propose au regard une toujours changeante rosace, formée de mobiles de verres de couleur emprisonnés entre deux vitres translucides. L'intérieur de la lorgnette est tapissé de miroirs où se multiplie systématiquement la fantasmagorie des verres, que déplace entre les deux vitres le moindre mouvement de l'appareil. Le changement d'aspect des rosaces me plongeait dans un ravissement indicible.
... Puis le désir me vint de remplacer les petits morceaux de verre par les objets les plus bizarres : un bec de plume, une aile de mouche, un bout d'allumette, un brin d'herbe. C'était opaque, plus féerique du tout, mais à cause des reflets dans les miroirs, d'un certain intérêt géométrique... Bref je passais des heures et des jours à ce jeu. Je crois que les enfants d'aujourd'hui l'ignorent, et c'est pourquoi j'en ai si longuement parlé. »

André Gide, Si le Grain ne meurt.

Jardin du Palais-Royal

Entrées place du Palais Royal, rue de Montpensier, rue de Beaujolais, rue de Valois, 1er.
Métro Palais-Royal

Dans le jardin même

La Boutique du Palais-Royal.
9 rue de Beaujolais, entrée par le Palais-Royal. Tél. 01 42 60 08 22. Nichée sous les arcades tout au fond du jardin, cette boutique de charme est fidèle depuis des années aux jouets de charme et aux jeux éternels : kaléidoscopes, quilles et toupies, diabolos, bilboquets, tambours, moulins à musique...

Anna Joliet, 9 rue de Beaujolais.
Tél. 01 49 27 98 60. Des boîtes à musique uniquement, des plus simples aux plus sophistiquées. Ah qui dira le charme aigrelet d'une ritournelle échappée d'un coffret magique ?

Les Drapeaux de France, 14 galerie Montpensier. Tél. 01 42 97 55 40. Deux boutiques jumelles, l'une est consacrée aux soldats de plomb, l'autre aux figurines civiles : personnages du cirque, petit peuple des rues de Paris, sujets historiques dans leurs atours d'époque.

Halte gourmande : Muscade. 36 rue de Montpensier. Tél. 01 42 97 51 36. Salon de thé avec terrasse dans le jardin.

A quelques pas de là

Boutique de la Comédie Française.
2 rue Richelieu. Tél. 01 44 58 14 30. (voir page 22).

Galeries Colbert et Vivienne. Sortir du jardin par la galerie du Beaujolais, emprunter l'amusant passage des Deux-Pavillons pour rejoindre la rue des Petits-Champs où s'ouvre la galerie Colbert (voir page 21).

LE LOUVRE, LA NUIT

A quel âge peut-on visiter le Louvre ? Et que voir ? C'est tellement vaste !

L'idéal serait de faire d'une première visite au Louvre une fête. Et pourquoi pas une fête de nuit ? Lorsqu'on a sept ou huit ans, sortir à Paris la nuit, c'est magique en soi. C'est encore plus alléchant si l'on y ajoute la perspective d'entrer dans un palais où habitèrent des rois et d'y chercher un fabuleux trésor. On peut promettre aussi le spectacle d'une immense pyramide en verre tout illuminée...
L'essentiel est de bien préparer la visite et, une fois sur place, de ne voir que peu de choses.
Avec les plus jeunes on peut tout simplement partir à la découverte des **joyaux de la Couronne**, trésor amassé au fil du temps par les rois de France. Voir en particulier le Régent, légendaire diamant de 140 carats, l'Hortensia, petit diamant de couleur pêche acheté par Louis XIV et le Côte de Bretagne, gros rubis taillé en forme de dragon.
Jusqu'en 2004, le trésor de la couronne est exposé en salle 64, 1er étage de l'aile Sully. Ensuite il réintègrera la prestigieuse galerie Apollon aux longs parquets miroitants.

A partir de huit ans, les enfants sont mûrs pour une visite familiale à thème. Equipés des **carnets d'Ulysse**, enfants et parents font à leur rythme un agréable parcours sur le thème qui les intéresse.
Vendus à la caisse, ces carnets d'Ulysse sont d'intelligents documents comprenant un livret pour les enfants et un autre destiné aux adultes qui les accompagnent. Une dizaine de titres sont disponibles, dont « Rois et Reines de l'Egypte ancienne » et « Une journée en Hollande au XVIIème siècle ».
Indispensable après la visite : un petit tour à la superbe **librairie du Louvre** (ouverte tous les soirs en nocturne), où les enfants seront heureux d'acquérir le livre ou la babiole qui les aidera à fixer le souvenir de cette sortie.

Musée du Louvre

Entrée principale par la Pyramide, cour Napoléon, 1er.
Tél. 01 40 20 50 50
Métro Palais-Royal - musée du Louvre
Site Internet :
http://www.louvre.fr

Détails pratiques :
Le musée est ouvert tous les jours, sauf le mardi. Ouverture en nocturne (jusqu'à 21h45) deux fois par semaine : le lundi (« circuit court ») et le mercredi.
- Entrée gratuite tous les jours pour les moins de 18 ans.
- Un plan gratuit est disponible à la « banque d'information ».
- Parc de stationnement souterrain accessible par l'avenue du Général Lemonnier, tous les jours de 7h à 23h.

D'autres façons d'explorer les richesses du Louvre

Visites-conférences pour enfants de 6 à 8 ans ou de 8 à 13 ans, assurées par des conférenciers des Musées nationaux.

Ateliers pour enfants. Une très vaste palette d'ateliers offre la possibilité de s'exercer aux écritures antiques ou d'expérimenter diverses techniques artistiques (sculpture, pastel, mosaïque...) en liaison avec les collections permanentes ou les expositions.

Circuit à effectuer en voiture, à partir de la place du Palais-Royal, 1er

Autres façons de découvrir Paris la nuit

Une croisière sous les étoiles
Tous les soirs, les compagnies de bateaux proposent une « croisière des illuminations » jusqu'à 22h30 ou 23h. Une bien jolie façon de goûter à la magie de Paris la nuit.

Les Bateaux-Mouches. Embarcadère du pont de l'Alma, 16ème. Tél. 01 40 76 99 99. Métro Alma-Marceau.

Les Vedettes du Pont-Neuf. Embarcadère du Pont-Neuf, square du Vert-Galant, 1er. Tél. 01 46 33 98 38. Métro Pont-Neuf.

Paris vu d'en haut
Quel plus beau spectacle à offrir à un enfant qu'une ville scintillante à l'infini, à contempler depuis le haut d'une tour ?

Tour Eiffel. Champ-de-Mars, 7ème. Tél. 01 44 11 23 23. Métro Bir-Hakeim. La Tour Eiffel est ouverte tous les jours sans exception jusqu'à 24 heures.

Tour Montparnasse. 33 avenue du Maine, entrée rue de l'Arrivée, 14ème. Tél. 01 45 38 52 56. Métro Montparnasse-Bienvenue. La tour est ouverte tous les jours sans exception jusqu'à 23h30. A 23h, dernière montée vers le belvédère panoramique du 56ème étage.

PARIS, VILLE SCINTILLANTE

Une fois n'est pas coutume, les enfants sages laissent de temps à autre passer l'heure du marchand de sable. Nuit profonde, eaux scintillantes, lumières enchantées… l'enfance se nourrit aussi de féerie. A Paris, les illuminations se déclinent en deux versions : été et hiver. Dans les deux cas, le trajet se doit d'aboutir à la Tour Eiffel, superbement éclairée sur fond de nuit veloutée.
Un joli circuit d'été, à faire en voiture puis à pied, pourrait partir de la **place du Palais-Royal**. De là, cap sur la cour Napoléon du Louvre et sa **Grande Pyramide**, touchée la nuit par quelque baguette magique. On traverse la Seine au pont du Carrousel, on longe le musée d'Orsay et on repasse rive droite par le pont de la Concorde. Chaque soir, la **place de la Concorde** se transforme en une éblouissante forêt de lumières, l'eau irréelle des fontaines jaillit comme d'une source enchantée et, tout là-haut, le capuchon d'or au sommet de l'Obélisque semble flotter dans la nuit claire. Tout cela vaut bien de faire deux ou trois fois le tour de la place, avant de remonter les Champs-Élysées jusqu'à l'Arc de Triomphe et de le contourner en un cercle presque complet jusqu'à l'avenue Marceau. Descendre l'avenue en direction du **pont de l'Alma**, que l'on traversera.
Si possible garer la voiture non loin de la Tour Eiffel et flâner à pied : marchands de glaces, orgue de barbarie et manège raviront les enfants d'autant plus qu'il fait nuit. Traverser le pont d'Iéna, pour aller contempler les puissants jets d'eau du Trocadéro et tremper un doigt dans les grands bassins en escalier.
En hiver, au moment des fêtes, le circuit sera un peu différent, mais chut ! Le temps n'est pas encore venu de dévoiler tous les secrets.

Place de la Concorde

(…)
C'est place de la Concorde à Paris
qu'un enfant assis au bord des fontaines
entre à pas de rêve au cœur de la nuit
fraîche comme l'eau claire des fontaines

Un enfant de nuit de rêve et d'espoir
qui voudrait pouvoir lutter sans répit
contre son sommeil pour apercevoir
ses rêves de nuit venir à la vie

Toutes les voitures avec leurs phares
toutes les voitures tracent pour lui
des lignes de feu flottant dans la nuit
comme de longs fils de vierge où Paris
retient son cœur ses rêves ses espoirs.

Jacques Charpentreau

Si tu veux

62 galerie Vivienne. 2ème.

Tél. 01 42 60 59 97

Métro Bourse

A quelques pas de là

Au Panetier. 10 place des Petits-Pères. Boulangerie au décor du siècle dernier. La baguette est cuite au feu de bois.

Legrand Filles et Fils. 1 rue de la Banque. Tél. 01 42 60 07 12. Belle épicerie fine dont la devanture expose d'alléchants bocaux de bonbons à l'ancienne.

Halte gourmande : A Priori-Thé.
35 galerie Vivienne.
Tél. 01 42 97 48 75. Salon de thé bien au calme, avec un buffet de gâteaux et une « terrasse » dans la galerie.

UNE BOUTIQUE BIEN CACHEE

Une bonne note à récompenser ? Un anniversaire à préparer ? Ou juste l'envie d'une jolie promenade en forme de labyrinthe ? Autant d'occasions d'aller découvrir le plus frais des magasins de jouets, blotti dans un dédale de galeries au cœur de Paris.

Avec son crochet par la place des Petits-Pères, l'itinéraire suivant n'est pas le plus direct, mais permet de découvrir des endroits peu connus de la capitale. A partir du **métro Bourse** prendre la rue Réaumur et bifurquer à droite dans la rue de la Banque, puis à gauche dans la rue des Petits-Pères, pour arriver à **Notre-Dame des Victoires**.

L'église est un grand lieu de pèlerinage et ses murs intérieurs sont couverts d'une impressionnante quantité d'ex-voto en remerciement à la Vierge. Quant à la délicieuse place des Petits-Pères, elle semble sortie d'un livre d'images.

Revenir sur ses pas, prendre cette fois la rue des Petits-Champs et pénétrer, au n°6, dans **la galerie Colbert**, qui précède la **galerie Vivienne**. Là, dans une atmosphère sereine, à l'écart des grands remous, petits et grands découvrent avec un égal plaisir l'adorable boutique Si tu veux.
Le magasin est calme et pas trop grand, avec des jouets simples et bien conçus. De nombreux jeux d'éveil et d'activités manuelles sont proposés, bien adaptés aux différentes tranches d'âge. Sans être submergés par un choix trop vaste, les enfants peuvent choisir en toute tranquillité ce qui leur plaît vraiment.
Pour une fête, on trouve des surprises, des trousses de maquillage, des déguisements, des ballons et décorations célébrant l'anniversaire fêté (2, 3, 4... jusqu'à 10 ans). Pour animer l'après-midi de façon sympathique, des kits d'anniversaire sont disponibles à prix très raisonnables, comprenant des jeux, badges, décorations et menus cadeaux sur différents thèmes : par exemple le cirque, le safari, la vie au château...
Le magasin vend sur place ou par correspondance ; il suffit de téléphoner pour recevoir le catalogue.

Si l'on souhaite poursuivre la promenade jusqu'au Palais-Royal (voir aussi page 18), sortir par la rue Vivienne, reprendre la rue des Petits-Champs et entrer au **Palais-Royal** par le Passage des Pavillons et la rue de Beaujolais.

Autres idées et adresses dans les 1er et 2ème arrondissements

Quai de la Mégisserie.
1er. Métro Pont-Neuf.
Pépiniéristes et marchands d'animaux alternent le long de ce quai où lapins, hamsters et cochons d'Inde attendent qu'un jeune maître vienne les choisir et les aimer.

Terrasse de la Samaritaine.
16 rue de la Monnaie, 1er. Tél. 01 42 33 96 70.
Métro Pont-Neuf.
A 46 mètres de hauteur, la terrasse en plein air de la Samaritaine (9ème étage, magasin 2) est célèbre pour sa vue sur la Seine et l'océan gris et or des toits de Paris. Une table d'orientation permet de repérer les grands monuments.
(Attention ! La terrasse est fermée en hiver et par temps de pluie).
En descendant, on peut faire un tour au naïf mini-musée Cognacq-Jay, au 8ème étage. On y apprendra l'histoire d'Emile, jeune commis de La Rochelle qui vint tenter sa chance à Paris et y ouvrit une boutique de nouveautés à l'enseigne de la Samaritaine.

Comédie Française.
2 place du Théâtre Français, 1er. Tél. 01 40 15 00 15.
Métro Palais-Royal.
Un lieu prestigieux à faire découvrir à des enfants. Dès qu'ils atteignent une dizaine d'années, certaines pièces de Molière, comme Le Malade Imaginaire, Le Bourgeois Gentilhomme ou Les Fourberies de Scapin sont susceptibles de leur plaire. Molière, affaibli par la maladie, voulut néanmoins continuer à jouer au théâtre le rôle du Malade Imaginaire ; aujourd'hui trône encore dans le foyer le fauteuil de scène dans lequel le comédien rendit son dernier soupir, en pleine représentation.
Après le spectacle, on peut se rendre à la Librairie de la Comédie Française où sont vendues maquettes de théâtre en carton, papier à lettres, crayons, lanternes magiques et divers objets à l'effigie des grands auteurs.

Artdécojeunes.
Palais du Louvre, 107 rue de Rivoli, 1er.
Tél. 01 44 55 59 25. Métro Palais-Royal.
Excellents ateliers permettant de s'initier aux arts plastiques à partir des collections du musée des Arts Décoratifs (collections du Moyen Age et expositions d'art contemporain). Inscription à la séance, sur réservation.

Place Vendôme.
1er. Métro Tuileries.
On peut venir place Vendôme pour y voir la glorieuse colonne Vendôme, revêtue du bronze de 1 250 canons pris aux ennemis par les armées de Napoléon lors de la bataille d'Austerlitz.
Mais une demoiselle de onze-douze ans n'aura probablement d'yeux que pour les fameux bijoutiers de la place, célèbres dans le monde entier. Quelle séance de lèche-vitrine mémorable ! Si Noël est proche et que s'allument soudain les broderies lumineuses ourlant chaque porche et chaque devanture, ce sera plus féerique encore...

Magasin La Droguerie.
3 rue du Jour, 1er. Tél. 01 45 08 93 27. Métro Les Halles.
Des perles et des boutons fantaisie à foison, des galons, des paillettes, des rubans aux couleurs d'arc-en-ciel... un rêve pour apprentie couturière aux doigts agiles !

Carillon du campanile de la mairie du 1er (à côté de l'église Saint-Germain l'Auxerrois).
4 place du Louvre, 1er. Métro Louvre.
Chaque mercredi, de 14 h 30 à 15 h, les trente-huit cloches du carillon se mettent en branle pour un concert.

Tour de Jean Sans Peur.
20 rue Etienne Marcel, 2ème. Tél. 01 40 26 20 28.
Métro Etienne-Marcel.
Au début du XVème siècle, Jean sans Peur vient de faire assassiner son cousin. Craignant une vengeance, il est dévoré de peur (oui, malgré son nom !) et fait construire dans son domaine une tour fortifiée pour y dormir la nuit en sécurité... Inébranlable, la tour a franchi les siècles et se visite encore.

Cinéma le Rex.
1 bd Poissonnière, 2ème. Tél. 08 36 68 05 96. Métro Grands-Boulevards.
Site Internet www.legrandrex.com/
Dans ce véritable monument du cinéma parisien, un parcours-spectacle intitulé « Les Etoiles du Rex » invite à découvrir les coulisses du 7ème art, ses décors, ses bruitages et ses effets spéciaux. Les enfants à partir de 9-10 ans sont fascinés.

Bd. de Sébastopol
R. du Renard
Rue du Temple
Rue des Francs-Bourgeois
R. Vieille du Temple
Rue de Rivoli
Rue de Birague
Rue des Tournelles
R. St Paul
Quai de l'Hotel de Ville
Quai des Celestins
Quai aux Fleurs
Pl. du Parvis N. Dame
R. Cloître N. Dame

3ème et 4ème
Arrondissements

DEMOISELLES DU TEMPS JADIS

Musée de la Poupée

Impasse Berthaud
(24 rue Beaubourg), 3ème.
Tél. 01 41 42 72 73 11
Métro Rambuteau

A quelques pas de là

Halte gourmande : Frais et Nature. 3 rue Brantôme. Tél. 01 42 72 59 59. Quiches, glaces et jus de fruits.

Autres adresses sur le thème des poupées anciennes (voir aussi page 95)

Robert Capia. 24 et 26 galerie Vérot-Dodat, 1er. Tél. 01 42 36 25 94. Métro Palais-Royal. Dans la poétique galerie Vérot-Dodat, Robert Capia accueille, soigne, répare et vend de merveilleuses poupées anciennes.

La Maison de Poupée. 40 rue de Vaugirard. Tél. 01 46 33 74 05. Réparation et vente de très précieuses poupées anciennes. Ce somptueux magasin s'adresse aux collectionneurs avertis plus qu'aux enfants, mais il n'est pas interdit de rêver devant l'élégance sophistiquée des princesses exposées.

Au fond d'une modeste impasse, parées comme des princesses, soigneusement préservées de la lumière qui pourrait gâter leur teint, logent d'exquises demoiselles aux chevelures de conte de fées.

Le musée n'est pas bien grand. Il se compose de six salles, dont les quatre premières présentent des collections permanentes : poupées des XIXème et XXème siècles, depuis **les Parisiennes** en vogue dans les années 1850 jusqu'aux créations d'artistes contemporains, en passant par les fameux **Bébés Jumeau** et la célèbre **Bleuette.** Les deux dernières salles sont consacrées à des expositions temporaires dont le thème varie plusieurs fois par an. Pour que rien ne vienne rompre la quiétude de la visite, il vaut mieux venir le matin, lorsque le musée est peu fréquenté. On a ainsi tout loisir de s'attarder pour détailler les vêtements et accessoires somptueux des poupées d'autrefois : chemises de dentelle et pantalons de lingerie fine, robes de taffetas, mantelets de velours, brodequins étroitement lacés, ombrelles et chapeaux ornés de plumes, tout est la réplique exacte des modes féminines anciennes.
Devant tant de minutie et de raffinement, les fillettes d'aujourd'hui sont subjuguées, vaguement troublées par la magie de ce petit monde immobile. Il arrive aussi que des adultes succombent au charme énigmatique d'un regard de porcelaine filtrant sous de long cils...

En vente à la boutique du musée : cartes postales, miniatures, poupées et vêtements de poupées. Le magasin fait également office de clinique pour poupées mal en point.

Comme de vrais enfants

« J'ai aimé à casser les poupées, et les faux chats, et les faux chiens, et les faux petits hommes, tout comme les autres enfants. Mais il y a eu par exception certaines poupées que j'ai soignées comme de vrais enfants. Quand j'avais déshabillé la petite personne ... si elle était solide et bien faite, si elle résistait aux premières épreuves, si elle ne se cassait pas à la première chute, si ses yeux d'émail avaient une espèce de regard dans mon imagination, elle devenait ma fille, je lui rendais des soins infinis, et je la faisais respecter des autres enfants avec une jalousie incroyable. »

George Sand, Histoire de ma vie.

Centre Georges Pompidou-Beaubourg.

Place Georges Pompidou, 4ème. Tél. 01 44 78 12 33
Métro Rambuteau
Site Internet :
http://www.centrepompidou.fr/

Dans le quartier alentour

Beaubourg est le quartier des musiciens, prestidigitateurs et autres bateleurs des rues qui réjouissent le public de tout âge. On peut aussi aller voir **l'Horloge du Défenseur du temps** (8 rue Bernard-de-Clairvaux) : toutes les heures, le Chevalier lutte victorieusement contre les éléments déchaînés, symbolisés par le Crabe, l'Oiseau et le Dragon.

A gauche en sortant du centre Pompidou, **la fontaine Igor Stravinsky** plaît aux enfants, avec son lent ballet de mobiles aux vives couleurs et aux formes amusantes (créations de Jean Tinguely et Niki de Saint-Phalle).

BEAUBOURG TOUT EN COULEURS

Hérissé de tuyaux rouges, bleus, blancs, verts et jaunes, l'extérieur de Beaubourg intrigue les enfants. Irrésistiblement, ils ont envie d'emprunter l'escalator qui monte et descend dans un long tunnel transparent accolé au flanc du bâtiment.
Mais il serait dommage de s'en tenir là… Il vaut vraiment la peine de se lancer un jour en famille à la conquête de l'immense vaisseau Beaubourg ! Détaillées à l'accueil, d'innombrables propositions, souvent gratuites, sont susceptibles d'intéresser les enfants et les jeunes.

A signaler tout particulièrement : une approche vraiment originale de **l'art moderne** proposée le dimanche aux familles. Ayant réuni tout son monde autour de lui, l'animateur tire de sa boîte à malice des accessoires étonnants : lunettes magiques qui font tout voir **en jaune, rouge ou bleu**… tapis sonore produisant des sons accordés à l'univers d'un peintre, mystérieux « arbre à mots » qui incite à associer à une œuvre le qualificatif le plus juste… Ouvrant grand leurs yeux et leurs oreilles, les petits entrent de plain-pied dans cet univers en couleurs, tandis que les parents découvrent des mondes insoupçonnés.

Autres centres d'intérêt : **la Bibliothèque des Enfants** (niveau esplanade) et la **BPI** (bibliothèque publique d'information) qui passionne les jeunes à partir de dix - douze ans : on peut y visionner des films, des CD rom de toutes sortes, écouter des documents sonores parlés, essayer des logiciels et parcourir des sites Internet.
Le centre Pompidou organise également pour les enfants **des ateliers d'arts plastiques** ainsi que des séances de cinéma à **l'Ecran des enfants** (le mercredi à 14h30, 4ème étage).

Enfin, pour la pause déjeuner ou le goûter, un bar-restaurant accueille les affamés tout en haut, au 5ème étage. Bonne occasion d'emprunter encore une fois l'escalator magique qui permet de découvrir les toits du vieux Paris au fur et à mesure qu'on s'élève dans le ciel.

Apprendre à voir

Les champs de blés mauves et les prés rouge sang
le tronc des arbres bleu le feuillage ocre ou brun
les agneaux verts les chèvres jaunes et les vaches argentées
le ruisseau de mercure et la mare de plomb
la ferme en sucre roux l'étable en chocolat
pourquoi pas pourquoi pas pourquoi pas

Raymond Queneau

Notre-Dame

Place du Parvis, 4ème
Métro Cité

A quelques pas de là

Carion. 92 rue Saint-Louis-en-l'Ile. Tél. 01 43 26 01 16. Minéraux, fossiles, météorites.

Clair de Rêve.
35 rue Saint-Louis-en-l'Ile.
Tél. 01 43 29 81 06. Création d'automates et marionnettes.

La Charlotte de l'Ile.
24 rue Saint-Louis-en-l'Ile.
Tél. 01 43 54 25 83. Chocolaterie et salon de thé.

NOTRE-DAME ET LES ILES

Semblable à un magnifique vaisseau ancré depuis huit siècles sur la Seine, Notre-Dame incarne à la perfection la devise de Paris « **fluctuat nec mergitur** » (« elle est battue par les flots mais ne sombre pas »).
Au Moyen Age, l'atmosphère de la cathédrale était fort différente de ce qu'elle est aujourd'hui. Les statues de la façade étaient **peintes de couleurs vives** et se détachaient sur un fond doré. L'intérieur de Notre-Dame grouillait d'une vie incessante : les pauvres et les pourchassés y cherchaient asile pour la nuit, tandis que des bateleurs montraient à la foule des curiosités telles des œufs d'autruche ou des côtes de baleine.
Après avoir détaillé les trois splendides portails, on explorera l'intérieur de Notre-Dame, levant les yeux vers l'éblouissante **Grande Rosace** ; puis les courageux voudront entreprendre la rude escalade de soixante mètres jusqu'en haut des tours. La vue sur l'île de la Cité, l'île Saint-Louis, la Seine et les ponts est une merveille. Quant à l'observation des **gargouilles** et à la découverte de l'énorme bourdon, elles valent largement la grimpette.
Baptisé Jacqueline puis Emmanuelle-Louise-Thérèse, **Le gros Bourdon de Notre-Dame** a un son exceptionnellement pur. C'est, dit-on, parce que les élégantes du temps jadis jetèrent leurs bijoux d'or et d'argent dans le métal qui servit à fondre cette énorme cloche de treize tonnes.

En sortant de la cathédrale, voir sur le parvis la plaque marquant l'emplacement du **kilomètre zéro des routes de France**, point à partir duquel on compte les kilomètres de toutes les routes sortant de Paris.
Une halte au **square de l'Archevêché**, à l'extrême pointe de l'île, sera peut-être bienvenue. Puis on traversera le **pont Saint-Louis** pour prendre pied dans l'île du même nom. La promenade se poursuivra par la **rue Saint-Louis en l'Ile**, étroite et pleine de charme. Les passionnés de géologie auront envie d'entrer chez Carion, où sont exposés des cristaux chatoyants, des pierres lisses et brillantes et des fossiles venus du fond des âges. Plus loin, la vitrine du magasin Clair de Rêve, déborde de marionnettes à fils et d'automates. Et peut-être la promenade s'achèvera-t-elle par une dînette dans le minuscule salon de thé La Charlotte de l'Ile ?

Marché aux fleurs

Place Louis Lépine,
île de la Cité, 4ème
Métro Cité (parking Notre-Dame, entrée sur le parvis)

A quelques pas de là

Crèche de Notre-Dame. Place du Parvis-Notre-Dame. Dans l'immense cathédrale aux voûtes sombres, un enfant est attendu.

Pour décorer le sapin...

Le Comptoir de Famille.
35 passage Jouffroy, Paris 9ème.
Tél. 01 47 70 51 12. Métro Grands-Boulevards. En période de Noël, des trésors se cachent à l'étage de ce magasin : boules miroitantes, clochettes d'argent, cheveux d'ange, flèches graciles, guirlandes de perles...

Le Bon Marché.
24 rue de Sèvres, Paris 7ème.
Tél. 01 45 44 33 72. Métro Sèvres-Babylone. Chaque année, Le Bon Marché offre une variété de décorations de Noël à couper le souffle, mises en scène sur de grands sapins somptueux,

Rougier et Plé.
13 boulevard des Filles du Calvaire, 3ème. Tél. 01 44 54 81 00.
Métro Filles-du-Calvaire. Dans ce magasin dédié aux arts manuels, on trouve tout ce qui est nécessaire pour imaginer et réaliser des décors de Noël : papier métallisé, cellophane, boules en polystyrène, paillettes, bombes or et argent...

MON BEAU SAPIN

A l'approche de Noël, la vieille île des rois de France se couvre d'une vivante forêt nordique, tout embaumée de parfums drus. A l'ombre de l'Hôtel-Dieu, des sapins de toutes tailles sont venus envahir le Marché aux Fleurs, étalant leur ample robe bleutée ou vert foncé.

Casquette enfoncée sur les oreilles et manteau relevé jusqu'au cou, les marchands expliquent patiemment la différence entre le traditionnel épicéa, qui perd ses aiguilles, et le Nordmann qui fera bonne figure au salon pendant plus longtemps. Peu sensibles à ces considérations, des lutins en bonnet rouge supplient leurs parents qu'on prenne tout bonnement l'arbre le plus grand !
Mais les jours sont courts en décembre. Voici que la nuit tombe. Les réverbères allument leurs étoiles, la Seine devient phosphorescente. Il ne manquerait qu'un peu de neige...

Le marché aux fleurs de l'île de la Cité ne date pas d'hier : c'est à la reine **Blanche de Castille**, mère de Saint-Louis, qu'on en doit la création. Toute l'année, on y trouve des fleurs coupées et des plantes vivaces. Chaque dimanche, les fleurs se serrent pour laisser place aux oiseaux : serins, canaris, perruches et perroquets s'égosillent à qui mieux mieux en compagnie de quelques petits mammifères (hamsters, cochons d'Inde).

Deux autres marchés aux fleurs, plus petits, existent dans la capitale : celui de la **place des Ternes**, qui propose aussi de magnifiques sapins au moment de Noël, et celui de la **Madeleine.**

Maison de Victor Hugo

6 place des Vosges, 4ème.
Tél. 01 42 72 10 16
Métro Chemin-Vert, Saint-Paul, Bastille
Site Internet :
http://www.paris-france.org/musees/Maison_de_Victor_Hugo/

Visite de la maison de Victor Hugo
Visite en famille (dans toutes les salles, des panneaux expliquent la vie et l'œuvre de Victor Hugo).
Ou contes, lectures, ateliers, visites-découverte et projections de films organisés pour les enfants.

Des livres pour préparer la visite
Victor Hugo. Illustrations de Florence Koenig. Gautier-Languereau, Grands poètes pour petits enfants. 1996. Album cartonné pour les plus petits.

Chanson pour faire danser les petits enfants et autres poèmes. Illustrations de Philippe Dumas. Gallimard Jeunesse, Enfance en poésie, 2002. Extraits de poèmes de Victor Hugo, délicieusement illustrés pour les plus jeunes.

A l'heure où je t'écris. Illustrations de Philippe Dumas. Gallimard Jeunesse, Folio Cadet Or, 1994. Extraits de poèmes de Victor Hugo, avec notice biographique sur Hugo et pour finir, un jeu-devinettes.

LA MAISON D'UN GRAND POETE

Nul poète n'a aimé l'enfance plus que Victor Hugo, lui qui ne supportait pas de voir punie sa petite Jeanne et lui glissait en douce des confitures. C'est donc justice que les enfants aillent rendre visite à ce bon-papa gâteau.
L'écrivain avait trente ans lorsqu'il vint habiter place des Vosges. Deux siècles après sa naissance, sa demeure reste vivante, abritant encore ses écrits, ses meubles et ses dessins. La visite est doublement attachante : elle permet de passer un moment dans l'intimité d'un personnage légendaire et offre en sus une magnifique occasion de contempler par la fenêtre l'historique **place des Vosges.**

Construite sur le désir d'Henri IV, cette place est peut-être la plus belle de Paris, avec ses maisons roses aux toits bleutés, disposées en carré et construites toutes sur le même modèle. Au XVIIème siècle, l'endroit était beaucoup plus agité que maintenant. Les mousquetaires s'y battaient en duel, les « Précieuses » s'y bousculaient, usant d'un langage compliqué, tandis que les voleurs se faufilaient dans la foule pour tenter de dérober quelque bourse bien garnie…
Désormais, il n'y a plus que des flâneurs s'attardant sous les arcades et des enfants rieurs jouant dans le square central.

Victor, enfant de Paris

A l'âge de sept ans, le jeune Victor emménage près du Panthéon, dans le quartier des Feuillantines, ancien couvent loti en maisons d'habitation après la Révolution. Dans le jardin des Feuillantines, le futur écrivain joue avec ses deux frères - Eugène et Abel – et avec une petite voisine prénommée Adèle, qui deviendra plus tard sa femme.
Adolescent, Victor entre au lycée Louis-le-Grand et, très vite, il ambitionne de devenir écrivain, un très grand écrivain : « Etre Chateaubriand ou rien. », écrit-il à l'âge de quatorze ans en marge d'un cahier.

Aux Feuillantines

Mes deux frères et moi, nous étions tout enfants.
Notre mère disait : jouez, mais je défends
Qu'on marche dans les fleurs et qu'on monte aux échelles.

Abel était l'aîné, j'étais le plus petit.
Nous mangions notre pain de si bon appétit,
Que les femmes riaient quand nous passions près d'elles.

Nous montions pour jouer au grenier du couvent.
Et là, tout en jouant, nous regardions souvent
Sur le haut d'une armoire un livre inaccessible.

Nous grimpâmes un jour jusqu'à ce livre noir ;
Je ne sais pas comment nous fîmes pour l'avoir,
Mais je me souviens bien que c'était une Bible.

Victor Hugo, Les Contemplations.

Dieu fait les questions pour que l'enfant réponde

« Les deux bêtes les plus gracieuses du monde,
Le chat et la souris, se haïssent. Pourquoi ?
Explique-moi cela, Jeanne. » Non sans effroi
Devant l'énormité de l'ombre et du mystère,
Jeanne se mit à rire. « Eh bien ? - Petit grand-père,
je ne sais pas. Jouons. » Et Jeanne repartit :
« Vois-tu, le chat c'est gros, la souris c'est petit.
- Eh bien ? » Et Jeanne alors, en se grattant la tête,
Reprit : « Si la souris était la grosse bête,
À moins que le bon Dieu là-haut ne se fâchât,
Ce serait la souris qui mangerait le chat. »

Victor Hugo, La Légende des Siècles.

Musée de la Curiosité et de la Magie

11 rue Saint-Paul, 4ème.
Tél. 01 42 72 13 26
Métro Saint-Paul

A quelques pas de là

Le village Saint-Paul et ses antiquaires. Dans le pittoresque dédale du village Saint-Paul, deux magasins au charme désuet exposent des jouets d'autrefois, égrenant sur un mode nostalgique l'histoire d'enfances révolues : Romaric ou les souvenirs de Gabriel et la Maison S. Seron.

Rue du Prévôt. Cette très vieille rue étroite (1,80 mètre par endroits) évoque bien le Paris du Moyen Âge. A chaque extrémité, des plaques de pierre portent encore son ancien nom : rue Percée (car cette rue fut percée au XIIIème siècle entre la rue Saint-Antoine et la rue Charlemagne).

Enceinte de Philippe-Auguste. Au croisement de la rue Charlemagne et de la rue des Jardins-Saint-Paul, subsistent, bien visibles, une tour et un fragment de l'enceinte construite par Philippe-Auguste pour protéger Paris.

Halte gourmande : Boulangerie Malineau. 26 rue Saint-Paul. Gâteaux savoureux pour magiciens en herbe.
Autres adresses sur le thème de la magie (voir aussi page 77)
Le Double-Fond. 1 place du Marché-Sainte-Catherine. Métro Saint-Paul. Tél. 01 42 71 40 20. Café-théâtre où sont présentés en matinée des spectacles de magie pour enfants.
Mayette Magie Moderne. 8 rue des Carmes 5ème. Tél. 01 43 54 13 63. Métro Maubert-Mutualité. Dans ce magasin spécialisé, ouvert tous les jours y compris le dimanche, on peut acheter du matériel de magie et la notice explicative de quelques tours faciles à exécuter par des débutants.

UNE CAVE PLEINE DE MAGIE

Un jour de pluie, que diriez-vous d'aller visiter une vieille cave pleine de magie ? Une collection de **miroirs étranges** attend les visiteurs : lorsqu'on s'y regarde on s'y voit tout déformé, ou encore les pieds en l'air. Passez la tête dans un cadre, **tirez une manette** et votre visage se multiplie à l'infini ! Glissez hardiment la main dans cette boîte mystérieuse : un lion se met à rugir et vous donne un saisissant coup de langue.
Mais voici l'heure du spectacle : **un prestidigitateur** lance des balles et les transforme en oranges ou en oignons… Avec des cartes, il jongle de manière ahurissante… Et hop ! Voici qu'il fait apparaître des foulards et disparaître des pièces de monnaie.
A l'unanimité, les enfants adorent ce royaume de la prestidigitation, des illusions, et du mystère.

Sur place, une boutique vend des accessoires aux magiciens chevronnés, mais permet aussi aux apprentis à partir de six ans d'acquérir un petit matériel qui leur permettra de mystifier à leur tour l'assistance familiale. Des cours de magie sont proposés aux jeunes à partir de douze ans.

Promenade dans le 4ème arrondissement

autour du métro Hôtel-de-Ville

A quelques pas de là

Les Fanfans. 42 rue François Miron. Tél. 01 40 27 94 47.

Les Deux Etourdis. 14 rue du Bourg-Tibourg. Tél. 01 42 74 18 17.

Mariage Frères. 30 rue du Bourg-Tibourg. Tél. 01 42 72 28 11.

LA RUE CLOCHE-PERCE ET SES VOISINES

L'étroite et courte rue Cloche-Perce semble avoir joué à saute-mouton par dessus les siècles, se plaisant à conserver aujourd'hui encore son aspect moyenâgeux.
Son nom étrange lui vient d'une enseigne représentant une cloche… non pas percée, mais de **couleur bleu perse.**

A l'angle des rues Cloche-Perce et François-Miron, la Maison à l'enseigne du Mouton est l'une des plus pittoresques du Marais, toute de guingois avec son mur incliné surmonté d'un encorbellement typique du Moyen Age. Comme sa voisine, la Maison à l'enseigne du Faucheur, elle date du XVème siècle.
Un peu plus loin, rue François-Miron, il existe **une maison secrète**, amusante à chercher : il faut pousser la porte du n° 30, suivre un long couloir et franchir un deuxième bâtiment. On aboutit à une cour au fond de laquelle se cache une maison Renaissance à pans de bois sculptés. On prétend que Marie Touchet, amie du roi Charles IX, habita ici.
Au 42 rue François-Miron, la librairie **Les Fanfans**, est entièrement consacrée aux livres pour les deux à douze ans. Par la rue Tiron et la rue des Ecouffes, on rejoint ensuite la rue du Roi-de-Sicile. Petite halte au n° 54, chez **Chat Perché**, royaume de la jeune classe turbulente : patinettes, échasses, bolides en bois, jeux de plein air…

On croise bientôt la rue du Bourg-Tibourg, dont le nom rappelle l'ancien bourg Tibourg, incorporé dans l'enceinte de Paris sous Philippe-Auguste. Dans la vitrine pleine de poésie des **Deux Etourdis**, des peluches tendres ou désinvoltes sont mises en scène avec humour, au milieu de jouets mécaniques et de figurines en bois. Un peu plus loin, **Mariage Frères** est un extraordinaire comptoir des thés, installé à cette adresse depuis plus d'un siècle. On peut entrer, visiter le minuscule musée du thé (au premier étage, entrée libre), puis redescendre au rez-de-chaussée pour une pause-goûter qui permettra de déguster d'excellents gâteaux.

Autres idées et adresses dans les 3ème et 4ème arrondissements

Musée Picasso.
Hôtel Salé. 5, rue de Thorigny, 3ème.
Tél. 01 42 71 25 21. Métro Filles-du-Calvaire.
Il peut être très agréable de découvrir le musée Picasso en présence de jeunes enfants, souvent intrigués et séduits par cette forme d'art. En été, un jardin invite à la détente. Entrée gratuite pour les moins de 18 ans.

Musée des Arts et Métiers.
60 rue Réaumur, 3ème. Tél. 01 53 01 82 20. Métro Arts-et-Métiers.
Dans ce musée, il ne faut pas hésiter à commencer la visite à l'envers, par la chapelle de l'ancienne collégiale Saint-Martin-des-Champs, où sont garées à l'abri du temps d'antiques automobiles et de lourds autobus à vapeur. Suspendus sous la voûte comme de fragiles joujoux, les premières machines volantes des temps héroïques surprennent les enfants. Autre pôle d'attraction pour eux : le théâtre des automates, dissimulé dans la pénombre d'une petite salle du premier étage. Plusieurs fois par mois, à heure fixe, les mécanismes délicats s'animent pour un poétique spectacle.

Maison de Nicolas Flamel.
51 rue de Montmorency, 3ème. Métro Arts-et-Métiers.
Dans un livre célèbre contant les aventures d'un jeune magicien en son collège, il est question de l'alchimiste Nicolas Flamel qui aurait découvert la fameuse « pierre philosophale ».
Le Sieur Flamel, qui habitait Paris au XVème siècle, fit construire une maison pour y loger gratuitement des travailleurs, à condition qu'ils récitent chaque jour des prières pour le repos des trépassés. Edifiée en 1407, cette maison a traversé les siècles et c'est aujourd'hui la plus vieille de Paris.

Magasin de jouets Les Trois Ours.
35, rue Turenne, 3ème. Tél. 01 40 29 03 78. Métro Saint-Paul.
Une irrésistible boutique qui fait rêver petits et grands.

Musée Carnavalet.
23, rue de Sévigné, 4ème.Tél. 01 44 59 58 58. Métro Saint Paul ou Chemin Vert.
Toute l'histoire de Paris, des origines à nos jours, est contée au musée Carnavalet.
Le menu est un peu trop copieux pour des découvertes individuelles en famille.
Par contre, les animateurs s'entendent à merveille à capter l'attention des enfants par des visites à thème, des chasses au trésor et des ateliers très vivants.
Des **rallyes pédestres dans Paris** sont proposés pour les plus grands, à partir de 8 ans. Pour résoudre les énigmes soumises à leur sagacité, les jeunes détectives apprennent à observer Paris le nez en l'air, à l'affût d'un cadran solaire, d'un mascaron ou de la moindre inscription ayant traversé les temps.
Pour toutes ces activités, réservations par téléphone au 01 44 59 58 31.

Garde Républicaine.
18 boulevard Henri IV, 4ème. Tél. 01 42 76 13 13. Métro Sully-Morland.
Une fois par an la Garde Républicaine ouvre ses portes pendant tout un week-end : fanfare et démonstrations équestres susciteront peut-être des vocations parmi les jeunes garçons.

Patinoire de l'Hôtel de Ville.
Place de l'Hôtel-de-Ville, 4ème. Tél. 01 44 50 75 97. Métro Hôtel-de-Ville.
Chaque hiver, de décembre à février, cette piste accueille gratuitement les patineurs sur glace. Aux alentours de Noël, il est particulièrement agréable d'y venir patiner le soir à la lumière des éclairages de fête (ouverture jusqu'à 22h).

MUSEE
PICASSO

R. de Rennes
Rue de Vaugirard
Boulevard Saint-Germain
Rue des Ecoles
Rue d'Assas
Boulevard Raspail
Rue Guynemer
Bd St Michel
Rue Saint Jacques
R. Jussieu
Rue Auguste Comte
Rue Abbé de l'Epée
Rue Monge
SUCRE D'ORGE
SUCETTE

5ème et 6ème Arrondissements

Centre de la mer

195 rue Saint-Jacques, 5ème.
Tél. 01 44 32 10 70
RER Luxembourg, Bus 21, 27, 38, 82, 84, 80
Site Internet
http://www.oceano.org/cme2/

A quelques pas de là

Jardin du Luxembourg (voir page 43)

Boutique Bass. 229 rue Saint-Jacques. Tél. 01 43 25 83 82. Un gai paradis du jouet : fermes à peupler d'animaux, garages pour petits brise-fer, jeux de construction, trains, jeux de société, cordes à sauter... En bois le plus souvent, tout est fait pour durer.

Le Ciel est à tout le monde.
10 rue Gay-Lussac. Tél. 01 46 33 53 91 Sous cette enseigne insolite, deux boutiques s'ouvrent côte à côte : la première est entièrement consacrée aux cerfs-volants, la seconde aux jouets en bois, livres et mini-cadeaux.

POISSONS MULTICOLORES

En plein cœur du quartier Latin, des myriades de poissons bleu électrique, rose vif ou couleur flamme s'ébattent au milieu de féeriques draperies de corail mou. L'étrange **poisson-vachette** promène sa grosse tête carrée ornée de petites cornes, le gros **poisson-ballon** agite mollement ses nageoires jaune fluo. La **murène** à gueule féroce se tapit dans son rocher, tandis que d'agiles **poissons-clowns** se réfugient dans les bras ondoyants des belles anémones.

D'autres espèces moins exotiques ont également élu domicile au Centre de la mer : penchés sur trois bassins d'eau cristalline, les enfants repèrent la crevette transparente, le petit poisson pointant le nez hors de son trou et le gros concombre, ou boudin de mer, posé sur son lit de sable. Ils apprennent à compter les pattes des crustacés (dix, pas une de plus ni de moins), puis sont invités à se laisser chatouiller la paume par un bernard-l'ermite, à tâter un œuf de raie, ou même – pour les plus courageux – **à caresser le dos d'un crabe**. Les parents sont présents, mais n'ont hélas le droit de ne toucher qu'avec les yeux !

La visite des quelques salles du Centre de la mer et de leurs aquariums tropicaux (peu nombreux, mais particulièrement intéressants) se fait individuellement. Par contre, l'accès au « bassin de manipulation » n'est possible qu'en groupe, pour les enfants de 3 à 12 ans et leurs parents (il est nécessaire de réserver par téléphone au 01 44 32 10 70).
Le billet d'entrée donne en outre droit à des séances de cinéma sur la mer et ses habitants (programme répertorié dans hebdomadaires parisiens de spectacles).

Les Arènes de Lutèce

49 rue Monge, 5ème.
Métro Place Monge ou Cardinal-Lemoine

Carnet d'adresses

La Mosquée de Paris.
Place du Puits de l'Ermite.
Tél. 01 45 35 97 33. Mosquée construite en 1927 dans le style hispano-mauresque, avec un minaret haut de 33 mètres.

Le Café Maure.
39 rue Geoffroy Saint-Hilaire.
Tél. 01 43 31 38 20. A l'intérieur, décor mauresque (plafonds, boiseries et banquettes) conçus par l'architecte de la mosquée. Aux beaux jours, terrasse dans un délicieux patio.
Les enfants adorent fouiner dans le petit « souk » près du café, parmi les verroteries colorées, les caftans de jeune prince, les amulettes et les babouches brodées.

DES ARENES GALLO-ROMAINES

Pour avoir une idée des jeux du cirque à l'époque gallo-romaine, il n'est pas nécessaire d'aller plus loin que le 5ème arrondissement, où se cachent les Arènes de Lutèce.

Lorsqu'on cherche les arènes, la première surprise c'est qu'on ne les voit pas ! L'entrée se fait par un banal porche de la longue et droite rue Monge.

Construites à l'époque gallo-romaine, les arènes furent tout bonnement ensevelies au Moyen Age, lors de la construction d'un gigantesque mur entourant Paris. Après avoir disparu pendant des siècles, elles furent remises au jour par hasard, lors du percement de la rue Monge (XIXème siècle).

Aujourd'hui, ce site antique n'est pas un « monument » qui se visite, mais un vaste terrain de jeux entouré de jardins (le square Capitan), fréquenté par les moineaux et les joueurs de boules. L'arène elle-même, c'est à dire la partie centrale creusée dans le sol (cavea en latin) est reconvertie en terrain de pétanque ! Quant aux enfants, s'ils sont trop jeunes ou si l'Histoire ne les passionne guère, ils s'amuseront à escalader les gradins, propices à l'invention de jeux sans fin.
Dans le square Capitan, les curieux partiront à la recherche d'une nymphe gracieuse habitant dans une grotte cachée sous un escalier. Non loin pousse un hêtre tortillard, célèbre pour ses formes tortueuses. Est-ce la main d'un géant qui s'est amusée à tourmenter ce pauvre arbre, ployant et tordant ses branches pour lui donner cette allure tarabiscotée ?

En sortant des arènes (côté rue Geoffroy-Saint-Hilaire), on pourra jeter un coup d'œil aux beaux jardins de la Mosquée, puis se dépayser au **Café maure** voisin, en goûtant des cornes de gazelle ou des courabiers, servis dans un décor authentiquement oriental.

Quartier Maubert, 5ème.

Eol'. 55, 62 et 70 bd Saint-Germain. Tél. 01 43 54 01 43
Métro Maubert-Mutualité

Carnet d'adresses

Eol'. 55, 62 et 70, bd Saint-Germain. Tél. 01 43 54 01 43.

La Tortue Electrique.
5 rue Frédéric Sauton. Tél. 01 43 29 37 08.

Mayette Magie Moderne.
8 rue des Carmes. Tél. 01 43 54 13 63.

Halte gourmande : Boulangerie-pâtisserie Alsacienne.
4 rue du Cardinal Lemoine.
Tél. 01 43 26 15 80.

D'autres adresses pour des sorties «entre hommes»

Anni-Mini.
22 boulevard de Reuilly, 12ème.
Tél. 01 43 43 33 51. Métro Daumesnil. Des circuits automobiles et des petites voitures, des avions, des bateaux et des soldats de plomb.

Calandre. 232 rue de Bercy, 12ème. Tél. 01 43 45 72 77. Métro Gare de Lyon. Dinky Toys et autres voitures de collection.

Auto-Collections. 17 avenue Philippe-Auguste, 11ème. Tél. 01 43 73 84 09. Métro Boulets-Montreuil. Miniatures automobiles de collection de toutes les époques. Cette jolie boutique vend aussi des jouets anciens pour garçons et filles.

APRES-MIDI ENTRE PERE ET FILS

Le quartier Maubert, dans le 5ème arrondissement, se prête idéalement à une après-midi complice « entre hommes ». En tête du programme : l'exploration du plus grand magasin de la capitale consacré au modélisme et au radioguidage.
Boulevard Saint-Germain, il n'y a pas un, mais **trois magasins** Eol', entièrement dédiés à tout ce qui roule, navigue, vole ou plane et fait la joie des hommes petits et grands.
Après s'être extasiés devant l'exposition permanente de maquettes déjà montées, les bricoleurs habiles auront peut-être envie de construire eux-mêmes un premier modèle simple. Ils trouveront toutes les fournitures sur place : pièces détachées, bois de balsa ou kits prédécoupés, mini-pots de peinture et outillage divers.
Pour ceux qui rêvent de piloter un hélicoptère ou de disputer des batailles navales radioguidées, les moteurs et télécommandes nécessaires sont disponibles, avec les conseils de vendeurs passionnés et les ouvrages indispensables pour se lancer dans l'aventure.
Quant aux impatients, il leur reste l'immense gamme des modèles réduits, du Jet turbo à la Rolls-Royce décapotable, à toutes les échelles possibles.

Dans le même quartier, mais dans un genre entièrement différent, **La Tortue Electrique** expose et vend des jouets anciens (échasses, jeux de société, jouets mécaniques...). On peut aussi aller passer un moment dans la chaleureuse librairie **Le Scarabée**, où se côtoient un rayon pour les jeunes lecteurs et un coin destiné à leurs parents. Les apprentis prestidigitateurs n'oublieront pas de faire un tour chez **Mayette Magie Moderne.**

Ouvrant l'appétit, une courte promenade conduira à la **Boulangerie-pâtisserie Alsacienne**, renommée pour ses Kugelhofs, mais aussi pour ses petits gâteaux moelleux.

FLAMANTS ROSES ET BANANIERS

Des flamants roses pour les poètes, d'énormes serpents pour ceux qui raffolent des grands frissons, un manège extraordinaire pour les plus jeunes, des arbres vénérables et des bananiers où poussent de vraies bananes... On trouve vraiment de tout au Jardin des Plantes !

La plupart des enfants sont impatients de voir la ménagerie (entrée quai Saint-Bernard et rue Cuvier). L'orang-outang se taille toujours un vif succès, à égalité avec l'ours brun et les perroquets. Mais attention ! Très susceptible, Mademoiselle la cigogne au long bec réclame elle aussi son dû de compliments, il ne s'agirait pas de la vexer ! Au vivarium, l'excitation monte à son comble devant les crapauds, mygales, crotales, boas et crocodiles... tout ce que la terre a réuni pour faire verdir de peur les plus téméraires des parents.

Chemin faisant, on rencontre de très vieux arbres chargés d'histoire : un platane d'Orient et un arbre de Judée plantés par Buffon, un cèdre ramené du Liban par Jussieu, un très ancien pistachier qui permit de découvrir la sexualité des végétaux...
En hiver, les Serres tropicales sont un enchantement. Fuyant les arbres nus et le vent frisquet, on pénètre dans un univers lumineusement vert, chaud et parfumé : bananiers, caféiers, vanilliers, plantes méditerranéennes et australiennes, ainsi que de curieuses « plantes-cailloux » poussent ici toute l'année.
Une brève promenade au **Jardin alpin** peut donner l'occasion de se familiariser avec la flore des montagnes avant de partir en vacances d'altitude. Puis, en faisant preuve d'un brin d'imagination, les enfants feront semblant de se perdre dans le **Labyrinthe vert**, aménagé sur une butte dans la partie nord du jardin, tandis que les plus petits réclameront un tour de manège. Ici, ce n'est pas entre un cheval et un cochon qu'ils auront à choisir leur monture, mais entre un éléphant, une autruche, un panda, une tortue, ou un... triceratops.

Les flamants

Une patte repliée
Sous leurs plumes qui se figent,
Les hauts flamants rassemblés
S'efforcent de ressembler
A des roses sur leur tige.

Maurice Carême, Les Flamants.

Jardin des Plantes

Entrées rues Cuvier, Geoffroy-Saint-Hilaire, Buffon, quai Saint-Bernard, boulevard de l'Hôpital et place Valhubert, 5ème.

Tél. 01 40 79 30 00

Dans le jardin même

Halte gourmande : Restaurant-buvette dans le jardin (abrité sous une tente en hiver). Les enfants s'y bousculent pour une crêpe ou une barbe à papa.

Le muséum d'Histoire Naturelle et ses différentes galeries (voir pages suivantes).

LA CARAVANE DES ANIMAUX

Située juste à l'entrée du Jardin des Plantes (en entrant par la rue Cuvier), la **Grande Galerie de l'Evolution** est un endroit vraiment fabuleux, susceptible d'intéresser à la fois de jeunes enfants (à partir de 6-7 ans), des adolescents et des adultes.

Dans le cadre grandiose de l'ancienne Galerie de Zoologie, les animaux de toutes les époques et de toutes les parties du monde (naturalisés, mais plus vrais que nature) se sont donné rendez-vous.
Plongé dans une pénombre bleutée, le rez-de-chaussée ressemble à un gigantesque aquarium où nageraient des dizaines et des dizaines de poissons, depuis les tout petits serrés en bancs, jusqu'au terrifiant requin, avec son petit oeil rond et sa mâchoire menaçante.
Au niveau un, le plus spectaculaire, de hautes girafes et leurs girafons, des hippopotames et des rhinocéros, des zèbres, des antilopes, des singes, des guépards… s'avancent en majesté, guidés par un énorme éléphant. C'est la **caravane des animaux de la savane africaine**, qui s'étire au cœur de la galerie en un long cortège animé par de magiques jeux de lumière et de son. C'est superbe !
Le niveau trois abrite les squelettes d'espèces disparues de la planète, comme le couagga (curieux croisement du cheval et du zèbre) ou l'émeu noir. Au niveau quatre, les visiteurs sont initiés aux théories expliquant la longue diversification du monde : peut-être un peu complexe pour les très jeunes ; ils préféreront sans doute s'extasier sur les quelques vitrines emplies de papillons multicolores et de scarabées beaux comme des joyaux.

Pour plus de magie encore, on peut visiter la galerie la nuit : nocturne jusqu'à 22h tous les jeudis. Dans ce cas, il faut essayer d'être là à 20h, lorsque démarre l'étonnant jeu scénographique reproduisant le cycle d'une journée, avec les bruits de la nature et les changements de lumière. (Le spectacle a lieu deux fois par jour, à 16h et 20h).

Grande Galerie de l'Evolution, Muséum national d'Histoire Naturelle

Jardin des Plantes, 57 rue Cuvier et 2 rue Buffon, 5ème.
Tél. 01 40 79 30 00
Métro Gare d'Austerlitz, Jussieu ou Place Monge
Site Internet http://cimnts.mnhn.fr/

Dans le bâtiment même

Boutique et cafétéria.

A quelques pas de là, toujours dans le jardin des Plantes

Galeries d'Anatomie Comparée et de Paléontologie.
Entrée du jardin par le 2 rue Buffon. Tél. 01 40 79 30 00.
Ici ne sont exposés que des squelettes, mais quels squelettes ! Tous les gentils dinosaures que les enfants adorent (stégosaure, triceratops, iguanodon, diplodocus), plus quelques mammouths d'assez bonne taille…

Galeries de Minéralogie et de Géologie. Entrée du jardin par la rue Geoffroy Saint-Hilaire ou la rue Buffon.
Tél. 01 40 79 30 00.
Une collection de cristaux géants unique au monde et, dans la salle du Trésor, des pierres précieuses provenant des anciennes collections des rois de France.

Jardin du Luxembourg

Entrées place Edmond Rostand, rue de Médicis, rue de Vaugirard, rue Auguste-Comte, rue Guynemer, 6ème. Tél. 01 43 29 12 72
Métro Odéon, Vavin, Notre-Dame-des-Champs, R.E.R. Luxembourg

Le manège de Charles Garnier

C'est Charles Garnier, l'architecte de l'Opéra, qui dessina le poétique manège du Luxembourg, avec ses animaux de toutes espèces. L'écrivain allemand Rainer Maria Rilke fut charmé par ces girafes, éléphants, cerfs et chevaux de bois au point de les évoquer dans son œuvre...

A quelques pas de là

Sortie place Edmond-Rostand

Dalloyau. 2 place Edmond-Rostand.
Tél. 01 43 29 31 10.
Brioches délectables et macarons fameux. Salon de thé en étage, avec vue sur la fontaine de la place Edmond-Rostand.

Sortie rue de Vaugirard

La Maison de Poupée. 40 rue de Vaugirard. Tél. 01 46 33 74 05. (voir page 26).

Michel Vial, Jouets d'hier et d'autrefois. 16 rue Vaugirard.
Tél. 01 43 54 68 97. Des trains, des voitures, des avions, des bateaux du temps passé... Quelques jouets mécaniques, et parfois aussi d'anciennes boîtes de Meccano.

LE VIEUX LUXEMBOURG

Au Luxembourg, des moulins multicolores tourbillonnent au vent léger. Une clochette tinte pour annoncer le prochain spectacle de marionnettes. Résonnant de rires, martelé par les galopades de petits pieds rapides, le vieux jardin sourit dans sa barbe avec la bonhomie d'un ancêtre qui en a vu d'autres.
Combien de générations ont fait voguer sur le bassin leurs fameux petits bateaux ? Combien de bambins extasiés le manège de Charles Garnier a-t-il emportés dans sa valse lente ?
Kiosques verts à toit dentelé, blanches statues de reines immobiles, pelouses interdites... les enfants d'hier n'ont rien oublié. Terrasses ensoleillées, cordes à sauter et trottinettes, aires de jeux propices aux concours d'agilité ... les jeunes Parisiens d'aujourd'hui forgent en jouant leurs souvenirs de demain. Les plus petits se réjouissent avec le bac à sable, la pataugeoire (près de l'Orangerie), les poneys et les petits ânes.

S'il n'y avait qu'un jardin de Paris à faire découvrir à un enfant, ce serait bien le vieux Luxembourg, témoin de tant de parties échevelées, de courses, de fièvres et d'aventures !

Eternels kiosques à friandises

« Ces deux sous étaient dépensés d'ordinaire dans la boutique du Père Clément. Installée dans le jardin du Luxembourg, presque contre la grille d'entrée la plus voisine de l'Ecole, ce n'était qu'une petite baraque de bois peinte en vert, exactement de la couleur des bancs. Le père Clément, en tablier bleu, tout pareil aux anciens portiers des lycées, vendait des billes, des hannetons, des toupies, du coco, des bâtons de sucre à la menthe, à la pomme ou à la cerise, des cordonnets de réglisse enroulés sur eux-mêmes à la façon des ressorts de montre, des tubes en verre emplis de grains à l'anis blancs et roses, maintenus à chaque extrémité par de l'ouate rose et par un bouchon ; les grains d'anis n'étaient pas fameux, mais le tube, une fois vide, pouvait servir de sarbacane. »

André Gide, Si le grain ne meurt.

Les Bonbons

6 rue Bréa, 6ème.
Tél. 01 43 26 21 15
Métro Vavin

A quelques pas de là

Jardin du Luxembourg (voir page 42)

Magasin de jouets Si tu veux.
10, rue Vavin. Tél. 01 55 42 14 14. Succursale du magasin de la galerie Vivienne. Jouets simples et bien conçus, déguisements, kits pour goûters d'anniversaire. Ateliers gratuits le mercredi.

FNAC Junior. 19 rue Vavin.
Tél. 01 56 24 03 46. Des livres à foison, des jeux à tester sur place, des fiches intelligentes...

Marie Papier. 26 rue Vavin.
Tél. 01 43 26 46 44. Papiers, enveloppes, crayons et encres de toutes les couleurs de l'arc-en-ciel.

Autres adresses de confiseries traditionnelles particulièrement alléchantes

La Maison des Bonbons. 14 rue Mouton Duvernet, 14ème. Tél. 01 45 41 25 55. Métro Alésia. Sucres d'orge multicolores et sucettes translucides pour un goûter d'anniversaire. Tout est joli, tout est bon.

Servant, le Confiseur d'Auteuil.
30 rue d'Auteuil, 16ème.
Tél. 01 42 88 49 82. Métro Michel-Ange Auteuil. Dans de superbes bocaux, quatre-vingt-dix sortes de bonbons sont offertes à la convoitise des jeunes gourmands !

LA MARCHANDE DE BONBONS

Hans et Gretel cassaient un morceau de toit en chocolat. Grimpée sur un fauteuil, Sophie goûtait jusqu'au dernier des fruits confits. Dame Tartine en son palais, se régalait de nougatine. O caramels, ô sucres d'orge, ô doux pays d'enfance !

A deux pas du Luxembourg, une petite boutique adresse un savoureux clin d'œil à l'enfance gourmande. Madame Lesieur, marchande de bonbons comme on n'en fait plus, aime faire partager aux jeunes d'aujourd'hui sa prédilection pour les friandises authentiquement pur sucre, pure tradition : berlingots colorés, bâtons de guimauve, sucettes pointues, coquelicots écarlates...

Ravis de retrouver les sucreries de leur jeune âge, parents, grands-parents et oncles gâteau se prennent au jeu, partageant avec les enfants un délicieux moment de complicité gourmande. Quel plaisir que d'hésiter longuement entre un roudoudou dans sa coquillette Saint-Jacques, une boîte de coco ou un rouleau de réglisse ! Pour autant, personne ne se ruinera, tout est vendu à la pièce, à portée de bourse enfantine.
Malheureusement, le magasin est parfois fermé pendant les vacances scolaires.

Fruits défendus

« Madame de Réan coupa la ficelle, défit les papiers qui enveloppaient les fruits, et découvrit douze boîtes de fruits confits et de pâtes d'abricots.

« Goûtons-les pour voir s'ils sont bons, dit-elle en ouvrant une boîte. Prends-en deux Sophie ; choisis ceux que tu aimerais le mieux. Voici des poires, des prunes, des noix, des abricots, du cédrat, de l'angélique. »

Sophie hésita un peu ; elle examinait lesquels étaient les plus gros ; enfin elle se décida pour une poire et un abricot... Quand tout le monde en eut pris, la maman ferma la boîte, encore à moitié pleine, la porta dans sa chambre et la posa sur le haut d'une étagère. Sophie l'avait suivie jusqu'à la porte...

...Sophie tire et pousse un lourd fauteuil tout près de l'étagère, grimpe dessus, atteint la boîte, l'ouvre et regarde avec envie les beaux fruits confits. « Lequel prendrai-je demain? » dit-elle. Elle ne peut se décider : c'est tantôt l'un, tantôt l'autre...

« ... J'ai une bonne idée : si je grignotais un tout petit morceau de chaque fruit, je saurais le goût qu'ils ont tous, je saurais lequel est le meilleur, et personne ne verrait rien, parce que j'en mordrais si peu que cela ne paraîtrait pas. »

Et Sophie mordille un morceau d'angélique, puis un abricot, puis une prune, puis une noix, puis une poire, puis du cédrat, mais elle ne se décide pas plus qu'avant.

« Il faut recommencer », dit-elle.
Elle recommence à grignoter, et recommence tant de fois, qu'il ne reste presque plus rien dans la boîte. Elle s'en aperçoit enfin ; la frayeur la prend.

« Mon Dieu, mon Dieu ! qu'ai-je fait, dit-elle. Je ne voulais qu'y goûter, et j'ai presque tout mangé. Maman va s'en apercevoir dès qu'elle ouvrira la boîte et elle devinera que c'est moi. Que faire, que faire?... » »

Comtesse de Ségur, Les Malheurs de Sophie.

Promenade autour de l'église Saint-Sulpice

Place Saint-Sulpice, 6ème.
Métro Saint-Sulpice

Carnet d'adresses

Thuillier et G. Thuillier,
8 et 10 place Saint-Sulpice.
Tél. 01 43 26 86 12.

Librairie La Procure. 3 rue de Mézières (angle rue Bonaparte).
Tél. 01 45 48 20 25. Livres profanes ou religieux sur le thème de Noël et de la Nativité, santons, cartes de vœux, CD de toutes les mélodies traditionnelles et des contes de Noël.

Au Plat d'étain. 16 rue Guisarde.
Tél. 01 43 54 32 06.

Mulot. 2 rue Lobineau.
Tél. 01 43 26 85 77. Hélas ! Le magasin est fermé le mercredi.

Cir. 78 rue de Seine.
Tél. 01 43 26 46 50.

Il était une fois. 1 rue Cassette.
Tél. 01 45 48 21 10.
Dans la cave d'une vieille maison parisienne, un magasin plein de charme, spécialisé dans les beaux jouets traditionnels : jeux de construction en bois, patinettes, jeux de croquet, poupées, peluches, déguisements...

LES SANTONS DE SAINT-SULPICE

Traditionnellement, les personnages de la crèche s'achètent autour de l'église Saint-Sulpice, où subsistent quelques maisons spécialisées. Sur la place même, les deux magasins **Thuillier** offrent le plus grand choix de santons de toutes dimensions, (jusqu'à la lilliputienne taille « puce »), du papier « rocher » et tous les accessoires qui ravissent les enfants : animaux, puits, ponts, mares, moulins...
De l'autre côté de la place, on peut choisir à **La Procure** l'indispensable calendrier de l'Avent, si cher à l'enfance.

En période de Noël, l'église Saint-Sulpice abrite bien sûr une crèche : ancienne, aux grands personnages un peu austères, elle peut déconcerter les enfants habitués à la bonhomie des santons provençaux. La haute et solennelle église recèle quelques particularités : deux **grands bénitiers**, qui datent de l'époque de François 1er, sont de véritables valves de coquillage. A hauteur du chœur, une ligne de cuivre court sur le dallage et aboutit à un petit obélisque appelé **gnomon astronomique** ; ce curieux dispositif permet de calculer la date du dimanche de Pâques, d'après la position du rayon de soleil passant par une ouverture spécialement aménagée.

En sortant de l'église, les petites jambes auront sans doute envie de gambader autour de la majestueuse **Fontaine des Orateurs Sacrés**, avant de se lancer dans l'exploration du lacis de ruelles pittoresques, à partir de la **rue des Canettes**.
Au n°18 de cette rue, un médaillon sculpté dans la pierre représente quatre petites canes, ou canettes, en train de nager.

Chemin faisant, en passant par les rues Guisarde, Lobineau, de Tournon et Saint-Sulpice, on découvre quelques magasins bien sympathiques : **Le Plat d'étain**, qui expose des régiments de soldats de plomb ; **Mulot**, un des meilleurs pâtissiers de la capitale (gâteaux vraiment exquis...) ; **Cir**, qui propose des centaines de bougies...
Pour clore la promenade, une visite au magasin de jouets **Il était une fois** donnera aux plus jeunes quelques idées pour leur lettre au Père Noël.

Place Saint-Sulpice

A Paris
place Saint-Sulpice
les pigeons jouent avec le large
il y a le vent de la rue Bonaparte
l'odeur de la Seine comme un chant d'océan
des arbres qui flirtent avec le vent
au soir il est d'étranges heures
je me souviens
rien n'était plus beau à l'ombre de l'église
que la fontaine
la mairie enrubannée
le petit cinéma, je me souviens.
(...)

Franck Venaille, Papiers d'identité.

Mille-Fêtes

60 rue du Cherche-Midi, 6ème.
Tél. 01 42 22 09 43
Métro Sèvres-Babylone

Autres adresses pour préparer une fête

Si tu veux. 62 galerie Vivienne. 2ème. Tél. 01 42 60 59 9. Métro Bourse. (voir page 21).
Ritournelle. 5 rue d'Ouessant, 15ème. Tél. 01 45 67 45 44. Métro La-Motte-Picquet-Grenelle. Au coin de deux rues assoupies du 15ème arrondissement, ce magasin intime propose des jeux, décors et babioles adaptés aux anniversaires des plus jeunes.

Au Nez Rouge. Cité Argentine, 111, av Victor Hugo, 16ème. Tél . 01 47 55 05 40 Dissimulé dans un passage commerçant, ce magasin prend des allures un peu secrètes. On aurait pu passer mille fois par là sans jamais le soupçonner. On y trouve de nombreux déguisements, des décors, ballons, cartes et kits d'anniversaire à thème.

Dans un genre traditionnel ancien

Au Cotillon Moderne. 13 boulevard Voltaire, 11ème. Tél. 01 47 00 43 93. Métro Oberkampf. Farces et attrapes, serpentins, boules, confettis, guirlandes, sarbacanes, chapeaux et collerettes de papier plissé. Le magasin, tout en bois, fut moderne au début du XXème siècle...
Au Clown de la République. 11 boulevard Saint-Martin, 3ème.
Tél. 01 42 72 73 73. Métro République. Costumes à louer ou acheter, produits de maquillage. On trouve aussi de quoi compléter un déguisement maison : chapeaux, épées, plumes, perruques, masques désopilants.

TURLUTUTU CHAPEAU POINTU

Un goûter d'anniversaire se prépare ? Cela mérite sérieuse attention. Va-t-on prévoir une après-midi costumée ? Un lâcher de ballons au square voisin ? Comment sera décorée la maison ? Pour un enfant, c'est une fête avant la fête que d'aller choisir avec sa maman les menus accessoires qui rendront son goûter inoubliable.

Il existe à Paris de vieux comptoirs un peu désuets on l'on vient depuis des décennies chercher lampions, cotillons et accessoires de Carnaval. Pour les plus jeunes, il est aussi de jolies boutiques fleurant bon l'enfance et la fête ; il est, par exemple, dans la vieille rue du Cherche-Midi, un tendre magasin qui donnerait bien envie d'avoir six ans demain !

Mille-Fêtes propose un assortiment de cartons d'invitation, décorations, ballons, bonbons et une foule de cadeaux sympathiques pour tombola et pêche à la ligne. Au moment de Noël, Pâques ou Halloween, décors et colifichets de circonstance sont particulièrement irrésistibles.
Des déguisements charmants ou terrifiants - pierrot, abeille, coccinelle, diable, squelette – font rêver les petits et séduisent les plus grands. De longues ailes diaprées attendent les demoiselles romantiques. Il suffit de les attacher sur son dos pour s'envoler au pays des fées !
Pour animer le goûter, on a le choix entre des jeux de massacre, des panoplies de pêche à la ligne (avec cannes et poissons aimantés) ou encore la location d'une bouteille d'hélium pour gonfler des ballons qui resteront collés au plafond ou ne demanderont qu'à s'échapper haut dans le ciel...

Goûter d'enfants sous le second Empire

« ...Guignol se surpassa ; Polichinelle fut plein d'esprit et de méchanceté ; le commissaire fut plus malin que jamais ; les autres personnages, y compris le diable, furent charmants, chacun dans son genre.
La représentation finit au grand regret de tous les spectateurs. Il y eut un ah ! général quand le rideau se rouvrit, et que Polichinelle et le diable apparurent tenant chacun un sac à la main.
Polichinelle... se mit à crier ; « Sac à papier ; arrêtez donc, vous autres ; mon ami le diable et moi, nous avons quelque chose à vous donner...Ventre saint-Gris ! vous n'entendez pas? Arrivez tous, chacun votre tour. Tendez la main. »
Les enfants défilèrent l'un après l'autre et reçurent chacun un billet de loterie noir du diable et deux billets rouges de Polichinelle.
...les billets de Polichinelle gagnaient des choses charmantes ; les billets du diable gagnaient des choses absurdes : des verges, des carottes, des oignons, des navets, pommes de terre, cailloux, clous, vieux chiffons, etc. »

Comtesse de Ségur, Quel amour d'enfant !

Autres idées et adresses dans les 5ème et 6ème arrondissements

Institut du Monde arabe.
1 rue des Fossés Saint-Bernard, 5ème.
Tél. 01 40 51 38 38. Métro Jussieu ou Cardinal-Lemoine.
Les splendeurs de ce superbe musée ne sont peut-être pas très perceptibles à l'âge tendre, à moins de participer à des ateliers spécialisés (contes, calligraphie...). A l'issue de la séance, il faut absolument monter à la terrasse en plein air du dernier étage, d'où s'offre l'une des plus belles vues sur Paris : la Seine juste en-bas, Notre-Dame déployée dans toute sa beauté, Beaubourg en rouge et bleu, et le dôme blanc du Sacré-Cœur se profilant dans les lointains couleur d'ardoise.

Jardin Tino Rossi.
Quai Saint-Bernard, 5ème. Métro Gare d'Austerlitz ou Jussieu.
En bord de Seine, un long jardin épatant où tout le monde trouve son compte. Les tout petits ont leur bac à sable et leurs toboggans, les moyens leur piste de patins à roulettes, les plus grands s'initient en même temps que leurs parents à la sculpture moderne (œuvres des Brancusi, Zadkine, César...). Le jardin abrite en effet le **musée de la Sculpture en plein air.** Sans grilles, il est libre d'accès, jour et nuit.

Magasin de jouets L'Epée de Bois.
12 rue de l'Epée-de-Bois, 5ème. Tél. 01 43 31 50 18. Métro Censier-Daubenton.
Dans le vivant quartier Mouffetard, une devanture pleine de fantaisie donne l'irrésistible envie d'entrer dans ce magasin où règnent les jouets artisanaux en bois.

Magasin de jouets Cerfvolissime.
29 rue Berthollet, 5ème. Tél. 01 43 31 65 65. Métro Censier-Daubenton.
Le paradis des amateurs de cerf-volant. A visiter avant de partir en vacances à Hendaye ou au Touquet.

Librairie Shakespeare & Co.
37 rue de la Bûcherie, 5ème. Tél. 01 43 26 96 50. Métro Saint-Michel.
Pour un anglophile d'une douzaine d'années, il peut être amusant de découvrir cette incroyable librairie nichée dans une très vieille maison sur les quais. Des piles et des piles de bouquins grimpent à l'assaut des murs, occupant le moindre recoin. Par un escalier presque vertical on accède à l'étage, on prend une BD ou un illustré (en anglais) et on s'installe pour le feuilleter sur un canapé branlant.

Rue du Chat-qui-pêche.
5ème. Métro Saint-Michel.
Cette étroite ruelle au nom amusant va du quai Saint-Michel à la rue de la Huchette. Se faufilant entre deux hauts pans de murs aveugles et noirs, elle donne une idée de ce que pouvait être le Paris des temps anciens. Voisine et parallèle, la rue Xavier-Privas n'est guère plus large et tout aussi amusante.

Salon de thé Tea Caddy.
14 rue Saint-Julien le Pauvre, 5ème. Tél. 01 43 54 15 56. Métro Saint-Michel.
Un goûter avec scones, muffins et buns est une bonne initiation aux subtilités du five o'clock tea. Récompense toute trouvée pour une bonne note en anglais !
Tout près, se tient la minuscule **église Saint-Julien le Pauvre** (22 mètres sur 16), l'une des plus anciennes de la capitale (XIIème et XIIIème siècles, comme Notre-Dame.)

Musée National du Moyen Age, Thermes de Cluny.
6 place Paul Painlevé, 5ème. Tél. 01 53 73 78 00. Métro Cluny-la Sorbonne. Gratuit pour les moins de 18 ans.
Deux musées en un sont abrités dans l'un des plus anciens hôtels particuliers de la capitale (hôtel de Cluny, XVème siècle). L'un conte la vie au temps des belles dames et des chevaliers, l'autre permet de découvrir un fantastique Paris gallo-romain, avec d'imposantes ruines en sous-sol.
Le musée du Moyen Age a conçu des livrets de visite pour les familles avec enfants (livrets à demander à l'accueil). Pour les enfants seuls, de nombreux ateliers sont organisés sur la vie et les techniques du Moyen Age. On peut aussi tenter l'expérience d'un concert en famille pour découvrir violes, luth et cornemuses.

Magasin de jouets Le Monde en Marche.

34 rue Dauphine, 6ème Tél. 01 43 29 09 49. Métro Odéon ou Pont-Neuf.

Un monde merveilleux peuplé de jouets qui ont une âme : chevaux à bascule, jeux de société à l'ancienne, châteaux forts, ours en peluche, lanternes magiques...

Plein Gaz.

1 rue Saint-Benoît, 6ème. Tél. 01 42 60 89 57. Métro Saint-Germain des Prés.

Entre la rue Jacob et le boulevard Saint-Germain, un magasin où se côtoient trains électriques, voitures à pédales, Dinky Toys et soldats de plomb.

Musée de Minéralogie de l'Ecole des Mines.

60 bd Saint-Michel, 6ème. Tél. 01 40 51 91 39. RER Luxembourg.

Dans ce musée à l'écart des foules, de longues galeries parquetées abritent des collections de pierres et de cristaux splendides. Un lieu extraordinaire pour un enfant qui s'intéresse à la géologie.

Quai Branly
Cours Albert 1er
Cours la Reine
Av. Rapp
A. Bosquet
Rue de l'Université
Quai d'Orsay
Rue St Dominique
Rue de Grenelle
Bd St Germain
R. du Bac
Bd Raspail
R. de Sèvres

7 ème et 8 ème Arrondissements

Champ-de-Mars, 7ème.

Métro Bir-Hakeim ou Ecole Militaire

Site Internet :

http//www.tour-eiffel.fr/

Petite histoire de la Tour Eiffel

La Tour Eiffel mesure 320 mètres de haut. Elle a été construite pour la grande Exposition Universelle de Paris en 1889. Stupéfaits, des milliers de visiteurs venant des pays du monde entier levèrent la tête vers cet immense édifice d'acier, le plus haut et le plus étrange encore jamais construit. Quant aux Parisiens, au début ils n'aimaient pas cette tour insolite et voulaient qu'elle soit démolie !
A part le célèbre monument qui porte son nom, l'ingénieur **Gustave Eiffel**, spécialiste des édifices métalliques, a surtout construit des ponts un peu partout en France.

Dans la Tour,

Restauration rapide : buffets aux premier et deuxième étages.
Boutique de souvenirs aux premier et deuxième étages.
Bureau de poste au premier étage.

Au pied de la Tour

Manège de chevaux de bois à l'ancienne, orgue de barbarie, buvettes.
Bateaux Parisiens.
Port de la Bourdonnais.
Tél. 01 44 11 33 44.
Vedettes de Paris.
Pont de Suffren.
Tél. 01 47 05 71 29.

SA MAJESTE LA TOUR EIFFEL

Le métro Bir-Hakeim est le plus proche de la Tour Eiffel, mais il est beaucoup plus palpitant de descendre à Ecole-Militaire et de remonter le **Champ-de-Mars** à pied, en avançant peu à peu à la rencontre de la grande dame qui veille sur Paris. Un adulte courageux pourrait se dévouer pour aller faire la queue (moins longue le matin) et acheter les billets, laissant le reste de la famille profiter des attractions du Champ-de-Mars : aires de jeux, balançoires, sulkys, promenades à dos d'âne.
Il est prudent de fixer un rendez-vous pour se retrouver : par exemple au pied du pilier Est.

Pour monter à la Tour Eiffel, on a le choix entre prendre l'ascenseur ou, pour les sportifs, monter à pied jusqu'au premier ou même au deuxième étage. Auparavant, il est passionnant de visiter, dans les piliers Est ou Ouest, la salle des **machineries d'ascenseur**, avec ses énormes rouages hydrauliques d'origine.
Enfin la montée ! Premier étage, premier arrêt : ici on se documente. Des films projetés au « Cineiffel » et des « boîtes magiques » aux images virtuelles permettent de découvrir l'histoire de la Tour. Les philatélistes voudront sans faute passer au **bureau de poste** pour envoyer une lettre timbrée du cachet spécial « Paris Tour Eiffel ».
Au deuxième étage, on change d'ascenseur. La dernière partie de la montée, rapide et spectaculaire, se fait dans une moderne cabine panoramique. On parvient ainsi au troisième étage, où Monsieur Gustave Eiffel en personne, tranquillement installé dans son bureau, attend les visiteurs. On est à 273 mètres d'altitude, ce qui permet de contempler tout Paris étalé comme une ville miniature de part et d'autre du long ruban de la Seine.

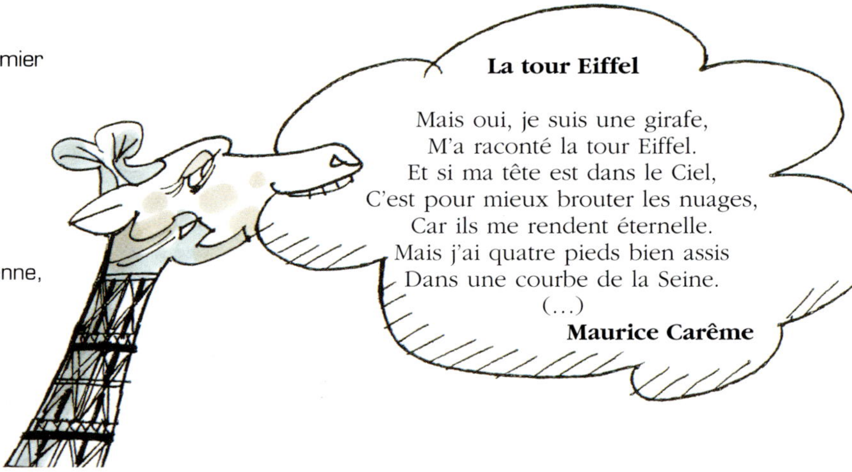

UN LION DE PAILLE OU LE TEMPS ARRETE

Combien y a-t-il de lions à Paris ? Celui de Denfert-Rochereau, bien sûr, et son ami le lion de Cambronne ; ceux qui somnolent au zoo de Vincennes et ceux qui défilent au muséum. Mais il en est un autre, qui ébahit les visiteurs, là où ils pensaient ne trouver que des planches d'herbes séchées et des scarabées soigneusement épinglés !

La maison Deyrolle fut pendant un siècle le fournisseur officiel des classes de sciences naturelles. Elle est installée rue du Bac depuis 1880, dans l'ancien hôtel de Jacques-Samuel Bernard, construit sous Louis XV (la porte est classée).
Ce vieux magasins offre toute la panoplie nécessaire au parfait naturaliste : flores, guides, presses à herbier, pinces, boîtes et bocaux à insectes. Jusque là, rien que de très classique.

La surprise est au premier étage. Imaginez une sorte de bric-à-brac envoûtant, dédié aux sciences naturelles et à la taxidermie (ou art de préparer et d'empailler les animaux vertébrés, en leur conservant l'apparence de la vie). De longues salles au parquet craquant sont ornées de trophées de chasse et de squelettes. Au mur, des planches illustrées évoquent l'école primaire au siècle de Jules Ferry. Dans leurs vitrines, des papillons exotiques chatoient de tous leurs bleus et rouges métallisés. Enfin, conservés ici depuis plus d'un siècle, zèbres, lamas, guépards et même un lion peuplent cet étrange magasin !
Il paraît que ces grands animaux naturalisés peuvent se louer (en général pour le tournage d'un film plus que pour un goûter d'enfants).

Deyrolle

46 rue du Bac, 7ème.
Tél. 01 42 22 30 07
Métro Rue du Bac

A quelques pas de là

La Boîte à Musique. 96 rue du Bac. Tél. 01 42 22 01 30.
Un superbe magasin, exclusivement réservé aux boîtes à musique et automates du siècle dernier : des objets de collection plus que des jouets. Ah qui dira le charme aigrelet d'une ritournelle échappée de quelque coffret magique ?

Autres adresses pour les passionnés de sciences naturelles

Sciences Art et Nature, Nérée Boubée. 87 rue Monge, 5ème.
Tél. 01 47 07 53 70.
Métro Censier-Daubenton ou Monge. Minéralogie, entomologie, matériel pour confectionner un herbier.

Le Cochennec. 26 rue Pascal, 5ème.
Tél. 01 45 35 34 13. Métro Gobelins. Coquilles irisées, spirales enroulées à la perfection, cônes pointus ou porcelaines brillantes... On trouve ici des coquillages du monde entier.

Musée d'Orsay

Entrée côté Seine, quai Anatole France, 7ème.
Tél. 01 40 49 48 48
Métro Solférino ou RER C, station Musée d'Orsay
Site Internet :
http://www.musee-orsay.fr/

Dans le musée même

Halte gourmande : Café des hauteurs. 5ème étage. En-cas salés ou sucrés et pause assise, bienvenue pour délasser les petites jambes fatiguées.

Boutique et librairie : Pour fixer le souvenir de la journée et de quelques unes des œuvres découvertes, les enfants seront heureux d'emporter une carte postale ou un article de papeterie. La librairie offre en outre un bon rayon de livres pour la jeunesse.

Autres possibilités au musée d'Orsay

Avec des enfants de 8 à 12 ans, visites thématiques libres en famille : A l'intention des familles préférant explorer le musée à leur propre rythme, des documents, comprenant des carnets pour les enfants et un livret d'accompagnement pour les adultes, sont disponibles gratuitement à l'accueil. Plusieurs thèmes sont proposés, par exemple « Le Paris d'Haussmann » ou « A la recherche du tableau perdu».
Visites guidées par des conférenciers, réservées aux enfants seuls, le mercredi, le samedi et pendant toutes les vacances scolaires. Des thèmes variés permettent aux enfants d'approcher les collections ou les expositions en cours.

JEU DE L'OIE AU MUSEE D'ORSAY

Au musée d'Orsay, l'initiation à l'Art avec un grand A est un jeu qui se joue le dimanche en famille, enfants et parents à la même école. Précision intéressante : la réservation à ces séance familiales sert de coupe-file et évite d'avoir à faire la queue.

Une fois par mois environ est programmée une originale partie de « jeu de l'Oie ». Sous la houlette d'une animatrice, des équipes se forment et entament le jeu, jetant le dé et avançant leur pion sur un plateau dont chaque case correspond à une œuvre célèbre du musée. Selon la case où ils parviennent, les joueurs partent à la recherche d'un tableau ou d'une sculpture. Là, tous leurs sens en éveil, ils doivent observer chaque détail, afin de passer ensuite avec succès une petite épreuve (répondre à une question, faire un dessin...) qui rapportera des points et fera peut-être gagner leur équipe.
D'autres dimanches sont différents : pétillants d'excitation, les enfants tirent leurs parents et partent en chasse pour repérer les animaux cachés dans les œuvres à travers les différentes salles... Ou encore, sous les yeux des spectateurs médusés, des portraits de personnages célèbres s'animent et leur modèle prend la parole pour se présenter... Autant d'occasions de passer un bon moment tout en se familiarisant en douceur avec les richesses d'un grand musée.

Détails pratiques :
- Visites organisées à l'intention des enfants de 5 à 10 ans accompagnés d'un adulte, le dimanche à 11h ou 15h, gratuites le premier dimanche de chaque mois, payantes les autres dimanches.
- Durée: 1h30. Programme détaillé sur le site Internet ou par téléphone.
- Réservation obligatoire (par téléphone au 01 40 49 48 48).

Promenade dans le quartier du Bon Marché, 6ème - 7ème.

Métro Sèvres-Babylone ou Vaneau

Monsieur Vincent et Louise de Marillac
Au XVIIème siècle, Vincent de Paul fut aumônier de la reine de France puis aumônier général des galères. Tourmenté par la misère effroyable des pauvres, « Monsieur Vincent » consacra sa vie à tenter de leur venir en aide. Avec la religieuse Louise de Marillac, il fonda l'ordre des Filles de la Charité où s'enrôlaient de riches et nobles dames, qu'on appelait les Louise de Marillac : apitoyées par les sermons de Monsieur Vincent, elles se coiffaient d'une cornette blanche et allaient soigner les pauvres, les panser et leur servir la soupe.

Carnet d'adresses

Chapelle des Lazaristes ou de la Congrégation de la Mission.
95 rue de Sèvres. Tél. 01 45 49 84 84. Entrée Libre.

Chapelle de la Médaille Miraculeuse.
140 rue du Bac. Tél. 01 45 49 54 78 88. Entrée Libre.

Jardin de Babylone. 33 rue de Babylone.

Halte gourmande : Le Bac à Glaces.
109 rue du Bac. Tél. 01 45 88 87 65. L'un des très bons glaciers de la capitale.

LES SAINTES RELIQUES DE SEVRES-BABYLONE

Aux alentours du Bon Marché, le quartier de Sèvres-Babylone abonde en couvents et édifices religieux. Deux d'entre eux abritent les châsses de grands saints.

Rue de Sèvres, saint **Vincent de Paul** repose dans la Chapelle des Lazaristes ou de la Congrégation de la Mission, dans une châsse d'argent placée au-dessus du maître-autel (accès par un petit escalier qu'il ne faut pas hésiter à gravir). La salle des reliques contient des souvenirs de saint Vincent et de sainte Louise de Marillac.
Rue du Bac, un couvent abrite aujourd'hui encore l'ordre des Filles de la Charité. En 1830, la Vierge y serait apparue cinq fois de suite à Catherine Labouré, jeune paysanne de Bourgogne. Depuis, des pèlerins viennent du monde entier pour prier dans cette chapelle. On y voit la **châsse de sainte Catherine Labouré**, celle de sainte **Louise de Marillac** et aussi le fauteuil dans lequel la Vierge se serait assise lors de ses apparitions.

Non loin de la chapelle, derrière de hauts murs, se cache le délicieux **Jardin de Babylone**, ancien verger-potager du couvent des Filles de la Charité. Ici, point de Guignol, de manèges, ni même de toboggans... tout au plus un carré de sable. Mais les enfants peuvent fouler à loisir une herbe verte semée de pâquerettes, organiser une partie de « chandelle » à l'ombre des cerisiers en fleurs ou participer à des ateliers de jardinage.

DECOUVRIR LA SCIENCE

Le Palais de la Découverte existe depuis 1937, ce qui ne l'empêche pas d'être à la pointe de l'actualité scientifique.

À tout moment de la journée, des « médiateurs scientifiques » réalisent des **expériences spectaculaires**. Ils ont surtout la mission, et le don, de commenter ces démonstrations de façon captivante. Les enfants comprennent immédiatement et les parents aussi !
Physique, chimie, géo-sciences, mathématiques, paléontologie... plus de quarante séances par jour sont parfois programmées. Inutile de s'inscrire, il suffit de choisir les thèmes en consultant les panneaux «Programme de la journée», au rez-de-chaussée.
Le mercredi après-midi, des ateliers pratiques permettent aux jeunes visiteurs de réaliser eux-mêmes des expériences amusantes ou de confectionner des objets simples mettant en application des lois de la physique. Par exemple on fabrique un ludion (principe du sous-marin) à l'aide du corps d'un stylo à bille et d'une bouteille de soda. Elémentaire, n'est-ce pas ?
Les ateliers sont gratuits et les inscriptions se font sur place à l'accueil.

A la Cybermétropole, enfants et adultes s'initient ensemble (toujours gratuitement) au monde du multimédia, des CD-ROM et d'Internet. Des animateurs guident les premiers pas des jeunes et moins jeunes débutants, les aident à « naviguer » et même à créer une page sur le Web.
Clou de la journée : une inoubliable séance d'observation des étoiles ! Choisir de préférence les séances Initiation à l'astronomie « jeune public » et réserver. Des myriades de points dorés sont projetés par une machine sophistiquée sur la voûte bleu nuit du **planétarium**, tandis qu'un astronome délivre aux enfants des explications limpides et passionnantes. A tout âge, on en sort ébloui par la beauté de l'univers.

Palais de la Découverte

Avenue Franklin-Roosevelt, 8ème.
Tél. 01 56 43 20 20
Métro Franklin-Roosevelt ou Champs-Elysées Clémenceau
Site Internet http://www.palais-decouverte.fr/

A l'autre bout de Paris, une citadelle des Sciences d'un autre genre : Cité de la Villette. 211, avenue Jean Jaurès, Parc de la Villette, 19ème. Tél. 01 40 05 12 12. Métro Porte de Pantin, Porte de la Villette.

A la Cité des Enfants, deux espaces différents sollicitent la curiosité des 3-5 ans et des 6-12 ans. Ils se visitent en famille, par séance de 1h30 (qu'il faut réserver).
Les activités proposées sont des plus palpitantes : construire une maison, se glisser dans la poche d'un kangourou ou sous la carapace d'une tortue, observer la vie d'une fourmilière, faire du vélo en visionnant son squelette, réaliser une émission de télévision...

Au Planétarium de la Villette, bien installé dans un fauteuil pivotant, on entreprend un voyage intersidéral dans des conditions de confort exceptionnelles.

Autres idées et adresses dans les 7ème et 8ème arrondissements

Magasin Debauve et Gallais.
30 rue des Saint-Pères, 7ème. Tél. 01 40 39 05 50.
Métro Saint-Germain-des-Prés.
Au début du siècle dernier, Messires Debauve et Gallais, apothicaires, vendaient en leur pharmacie des chocolats « fins et hygiéniques » vivement recommandés par la faculté de médecine pour soigner fatigue, langueur, maux de gorge ou d'estomac. Aujourd'hui, seuls les gourmands viennent acheter les *Boules d'antan* et autres délices de ce beau magasin classé.

Petit Pierre est impressionné
« Le magasin Debauve et Gallais me charmait plus que tout autre... Il me semblait si beau que je ne m'estimais pas digne d'y entrer sans mes habits du dimanche et j'examinais sur le seuil la toilette de ma chère maman pour m'assurer qu'elle était suffisamment élégante. »
Anatole France, **Le Petit Pierre.**

Square Récamier.
Rue Récamier, 7ème. Métro Sèvres-Babylone.
Un tout petit jardin touffu, caché au bout d'une courte rue.

Musée de l'Armée.
Hôtel des Invalides, 7ème. Tél. 01 44 42 37 67.
Métro Invalides ou Latour-Maubourg.
Dans ce musée, les enfants sont particulièrement intéressés par les **armures** du Moyen Age et de la Renaissance (aile Ouest du musée) et s'étonnent notamment de leur petite taille. Eh oui ! Nos aïeux étaient moins grands que nous.
Animées par des conférenciers, des visites destinées aux familles évoquent le temps de François 1er, du Roi Soleil ou de Napoléon. Mise à la portée des plus jeunes, contée parmi des objets d'époque, c'est toute l'Histoire de France qui s'anime soudain et prend un sens.
En sortant, on peut aller voir le **tombeau de Napoléon** dans l'église du Dôme.

Magasin de jouets Zig et Puce.
22 bis rue Jean-Nicot, 7ème. Tél. 01 47 05 30 58.
Métro Latour-Maubourg.
Emplie de boîtes et de jouets jusqu'au plafond, cette boutique insolite semble à mi-chemin entre le bazar de la plage et le kiosque à jouets, le tout peint en jaune vif. Des joujoux à trois sous sont présentés dans de grands bocaux, comme des bonbons.
A côté, la **boulangerie Poujauran** retient l'attention avec sa façade rose bonbon et son dalmatien peint en trompe l'œil. Les baguettes de Poujauran sont renommées.

Magasin de jouets Décembre en mars.
65 avenue de la Bourdonnais, 7ème. Tél. 01 45 51 15 45.
Métro Ecole Militaire.
Joyeux et robustes, les jouets que propose ce magasin feront durer Noël toute l'année ! Châteaux, grues, trains et circuits en bois, dînettes métalliques inusables, castelets de marionnettes ou poupées au frais minois... le Père Noël n'a que l'embarras du choix.

Magasin d'alimentation The Real Mac Coy.
194 rue de Grenelle, 7ème. Tél. 01 45 56 98 82. Métro Ecole Militaire.
Dans cette minuscule alimentation américaine qui ressemble à un chalet peint en jaune vanille, les amateurs de hamburgers font connaissance avec un aspect charmant des USA, bien différent de ce qu'on imagine habituellement. Que les enfants se rassurent, ils auront tout de même droit à des bonbons au Coca !

Marionnettes du Champs de Mars.
Allée du Général Margueritte, jardin du Champs de Mars, 7ème.
Tél. 01 48 56 01 44. Métro Ecole Militaire.
Un ravissant théâtre de poche, bien clos, offrant des spectacles soignés, sur des scénarios traditionnels. Avant ou après, les diablotins aux jambes impatientes aimeront s'ébattre dans les aires de jeux du Champs de Mars, avec vue directe sur la Tour Eiffel prenant appui sur ses quatre jambes pour se dresser très haut vers le ciel.
Le mercredi, il est souvent possible de se garer en voiture dans l'allée du Général Margueritte. En week-end il est préférable de ne pas y compter.

Magasin de jouets Au Nain Bleu.
408 rue Saint-Honoré, 8ème. Tél. 01 42 60 39 01. Métro Concorde ou Madeleine.

Site Internet www.au-nain.bleu.com/
Le Nain Bleu, luxueux palais du beau jouet, mérite d'être visité au moins une fois dans une enfance. On y trouve tout, tout, tout, toute l'année, et notamment des jeux de plein air anciens (croquet, quilles en bois, toupies, diabolo...), des autos à pédales, des dînettes somptueuses, des automates, des peluches de toutes tailles et, près du comptoir, quelques babioles pas trop chères.

Magasin de jouets Territoire.
30 bis rue Boissy d'Anglas, 8ème. Tél. 01 42 66 22 13. Métro Madeleine.
Site Internet www.territoire.com/
Petit et feutré, c'est un magasin qui plaît aux parents peut-être plus qu'aux enfants. Très jolie sélection de jouets qui attendrissent les adultes : peluches, déguisements adorables, quelques jeux et jouets à l'ancienne.

Jardins des Champs-Elysées.
Avenue des Champs-Élysées, 8ème. Métro Champs-Elysées-Clémenceau ou Franklin-Roosevelt
Dans les jardins des Champs-Élysées, entre les avenues Marigny et Matignon, un carré de verdure est dédié aux amusements du jeune âge : bac à sable, balançoires, manège à anneaux... sans oublier Guignol (tél. 01 42 45 38 30), que sont venues applaudir des générations d'enfants depuis 1818, dont le fragile Marcel Proust couvé par sa grand-mère. Après la séance, si c'est un jour de petite fête, on peut aller croquer un bon chocolat chez **Jadis et Gourmande**, 49 bis avenue Franklin Roosevelt.

Marché aux timbres du carré Marigny.
Cours Marigny, 8ème. Métro Champs-Elysées-Clémenceau ou Franklin-Roosevelt.
Les jeudi, samedi, dimanche et jours de fête, le traditionnel marché aux timbres de Paris se tient sous les arbres du cours Marigny, de 10h du matin à la tombée de la nuit. Les jeunes philatélistes cassent leur tirelire pour acquérir le spécimen convoité, ou, plus difficile, ils essaient de faire des échanges.

Palais de l'Elysée et relève de la Garde.
55 faubourg Saint-Honoré, 8ème. Tél. 01 42 92 81 00. Métro Miromesnil.
On imagine parfois que la relève de la garde est une spécialité britannique. Eh bien non ! Tous les jours de l'année, toutes les heures (de 8 heures du matin à 8 heures du soir, cinq minutes avant l'heure juste) la relève de la garde se produit devant l'Elysée. Relève ou pas, les enfants sont éblouis de passer devant « la maison du président de la République ».

Arc de Triomphe de l'Etoile.
Place de l'Etoile, 8ème. Tél. 01 55 37 73 77. Métro Charles-De-Gaulle-Etoile. Gratuit pour les moins de 18 ans.
D'une hauteur de cinquante mètres (plate-forme accessible en ascenseur ou à pied), on domine la place et ses douze avenues rayonnant en forme d'étoile. Pour les curieux, un petit musée installé au sommet de l'Arc présente des documents sur sa construction.
Sous l'Arc, brûle depuis le 11 novembre 1923, une flamme qui rend hommage à tous les soldats ayant perdu la vie lors de la guerre de 14-18. Chaque soir vers 18 h la flamme est rallumée.
Pour accéder sans encombre au terre-plein central de la place de l'Etoile, emprunter le passage souterrain : entrées en haut à droite des Champs-Élysées, ou en haut à gauche de l'avenue de la Grande-Armée.

Parc Monceau.
Entrée 58 boulevard de Courcelles, 8ème. Métro Monceau.
Derrière ses hautes grilles et ses quatre portes monumentales, le parc Monceau fut longtemps le jardin des enfants sages. Pour les diablotins modernes, il représente un fantastique terrain de jeux, parsemé de **curieux monuments** qui campent le décor pour des aventures grandioses : une « pyramide égyptienne », un ensemble de rochers artificiels avec grotte, cascade et pont, ainsi que la « Naumachie », pièce d'eau appréciée des canards et bordée par une colonnade corinthienne.
Des arbres remarquables sont disséminés dans le parc, dont un énorme platane d'Orient (le plus « gros » arbre de la capitale, avec un tronc dont la circonférence mesure sept mètres) et le curieux « arbre aux mouchoirs », reconnaissable aux appendices végétaux qui pendent de ses branches comme autant de chiffons légers. Dominant l'*allée de la comtesse de Ségur*, un vénérable érable sycomore de quarante mètres de haut joue les seigneurs du jardin.
Heureuse initiative : tous ces arbres sont indiqués sur un plan à l'entrée du parc.

REPUB FRANC
20 C POSTES 20 C
REPUBLIQUE FRANÇAISE
POSTES 0.20

Boulevard de Clichy
R. de Calais
Rue Mansart
Rue Blanche
Rue Pigalle
Berlingo
Rue St Lazare
Rue de Chateaudun
R. Chaussée d'Antin
R. Lafayette
Bd Haussmann
Bd des Italiens
A. Opera
R. du Quatre-Septembre

9ème et 10ème Arrondissements

Pain d'Epice

29 Passage Jouffroy, 9ème.
Tél. 01 47 70 82 65
Métro Grands-boulevards
(ex Rue Montmartre)

Carnet d'adresses dans le passage Jouffroy

La Boîte à Doudou (au n°24). Immense choix de figurines de bandes dessinées.

La Boîte à joujoux (au n°41). Cartes postales, miniatures et jouets divers.

A quelques pas de là

Musée Grévin. Entrée
10 boulevard Montmartre.
Tél. 01 42 46 13 26. Voir page 69.

Epicerie-confiserie A la mère de Famille. 35 rue du faubourg Montmartre.
Tél. 01 47 70 83 69. Une vitrine de livre d'images ! A l'intérieur, bonbons bien rangés dans leurs bocaux, fruits confits, confitures et chocolats sont vendus depuis 1761. (En vente à la caisse : des carte postales naïves représentent la devanture du magasin.)

Passage Verdeau. De l'autre côté de la rue du faubourg Montmartre, le passage Verdeau prolonge le passage Jouffroy, mais l'atmosphère est autre, plus à l'écart du temps et plus secrète. Bourré d'illustrés anciens, le magasin de Roland Buret (voir page 86) y trouve un refuge idéal.

UN AMOUR DE MAGASIN

Qu'on ait cinq, dix, trente ou soixante-dix ans, venir chez Pain d'Epice c'est toujours passer un moment exquis.
Tournant résolument le dos au brouhaha des grands boulevards, on s'engage dans le passage Jouffroy, où de petits commerces somnolent doucement tandis que d'autres se modernisent. Curieux de tout, les enfants ont vite envie de s'arrêter devant un tourniquet de cartes postales, une vitrine emplie de babioles exotiques et bien entendu devant les mannequins de cire du Musée Grévin... Cependant, le meilleur est à venir !
Voici, sur la gauche, la vitrine de Pain d'Epice. Des chevaux à bascule côtoient une merveilleuse maison de poupée où rien ne manque, un théâtre de carton, un jeu de Nain Jaune et des plumes Sergent Major. A l'intérieur du magasin, d'innombrables casiers en bois sont bourrés de trésors minuscules : baigneurs plus petits que le pouce, nez de clown, bagues, billes, grelots, casse-tête, menus sujets de Pâques ou de Noël... Les enfants sont sous le charme et les parents replongent avec délice dans l'enchantement d'une éternelle enfance.
Autre spécialité du magasin : de grandes maisons de poupées victoriennes avec tout leur mobilier et leurs accessoires miniatures, à acquérir au fur et à mesure : des flacons de parfum aux lampadaires qui s'allument, en passant par les ciseaux de Lilliput.

Fasciné par les billes

« Un petit sac de filet contenait les plus belles billes, qu'une à une l'on m'avait données et que je ne mêlais pas aux vulgaires. Il en était que je ne pouvais manier sans être à neuf ravi par leur beauté : une petite, en particulier, d'agate noire avec un équateur et des tropiques blancs ; une autre, translucide, en cornaline, couleur d'écaille claire, dont je me servais pour « cale ». Et puis, dans un gros sac de toile, tout un peuple de billes grises qu'on gagnait, qu'on perdait, et qui servaient d'enjeu lorsque, plus tard, je pus trouver de vrais camarades avec qui jouer. »

André Gide, Si le Grain ne meurt.

PASSION TRAIN ELECTRIQUE

Au pays des trains électriques la minutie est reine : précision de chaque détail, maquettes fidèlement reconstituées où rien ne manque, ni la gare avec ses quais, sa verrière et son chef de gare, ni la mairie avec l'école juste en face, ni même le château d'eau un peu plus loin… Ajoutons l'attrait de la mécanique et la poésie d'un univers en miniature, on comprend que pères et fils soient fascinés ! Les filles, d'ailleurs, leur emboîtent parfois le pas.

Dans le 9ème arrondissement, dans l'une de ces rues aux noms de ville qui invitent aux voyages imaginaires, Les Cheminots sont l'une des grandes adresses parisiennes du train électrique. Le modeste magasin des débuts est doublé depuis quelques années par une surface plus vaste, située de l'autre côté du porche de l'immeuble. Toutes les marques sont rassemblées dans ces boutiques jumelles, avec plus de cinq-cents modèles de locomotives, dans différentes échelles.
A la disposition des visiteurs, plusieurs passionnés de la miniature ferroviaire savent écouter, répondre aux questions, conseiller un premier circuit ou parler « commandes numériques » avec les amateurs chevronnés. Ils réparent les modèles endommagés et, pour les papas encore plus pressés que leurs enfants, ils peuvent assurer le montage et la réalisation complète d'un petit réseau.

Le magasin vend aussi par correspondance. Reprise de vieux modèles possible et vente d'occasion.

Les Cheminots

51 rue de Douai, 9ème.
Tél. 01 48 74 33 22
Métro Blanche
Site Internet : http//www.cheminots.com/

A quelques pas de là

Baggi. 33 rue Chaptal.
Tél. 01 48 74 01 39. Cinquante parfums de glace pour papas et enfants-gourmands.

Autres adresses sur le thème du train électrique

Au Pullman. 70 rue d'Amsterdam, 9ème. Tél. 01 48 74 56 17. Métro Liège.Le Pullman distribue de nombreuses marques, répare, réalise des transformations digitales et fournit des conseils.

Central Train. 81 rue Réaumur, 2ème. Tél. 01 42 36 70 37. Métro Sentier. Dans ce magasin principalement dédié aux trains, on trouve aussi des voitures, avions, bateaux et le célèbre Meccano, version moderne.

Tous les trains. 73 rue de Charenton, 12ème. Tél. 01 43 43 39 65. Métro Bastille.

Bouaniche. 13 rue de Montenotte, 17ème. Tél. 01 43 80 80 16. Métro Etoile.

Opéra Palais Garnier

Place de l'Opéra, 9ème.
Tél. 08 92 69 78 68
Métro Opéra
Site Internet : www.opera-de-paris.fr/

A quelques pas de là

Repetto. 22 rue de la Paix.
Tél. 01 44 71 83 00.
Créateur de tenues de danse.

Autre possibilité pour les enfants aimant la danse classique

Ballet d'enfants Jeannine Stanlowa.
Renseignements par téléphone au 01 45 62 88 99. Chaque année l'école Stanlowa monte un ballet entièrement interprété par des enfants qui étudient la danse de manière professionnelle.

LE FANTOME DE L'OPERA

Avec son grand escalier, ses marbres colorés, ses ors, ses pompes, ses lustres et ses mystères, l'Opéra Garnier est sans doute l'un des plus somptueux théâtre au monde.
L'entrée dans le grand hall, ouvert au public sept jours sur sept, est entièrement libre. Les apprenties ballerines seront éblouies de pénétrer dans ce temple de la danse et voudront sûrement acheter à la boutique une carte postale ou un poster de leur danseur favori.
Par ailleurs, des visites et des ateliers « jeune public » sont régulièrement programmés : selon leur âge, les enfants sont invités à découvrir les costumes de l'Opéra ou à suivre le Fantôme dans le tourbillon de ses souvenirs. (Réservations par téléphone, au 01 40 01 22 46).
Le célèbre Fantôme de L'Opéra a-t-il existé ? Ce qui est certain, c'est qu'il y a bel et bien sous la scène, au plus profond des sous-sols, un lac souterrain où vivent des poissons ! Sur le toit sont installées des ruches, où les abeilles fabriquent un miel excellent.

Enchantement suprême pour de jeunes esprits ouverts au merveilleux : une matinée ou une soirée de ballet à l'Opéra. Les grands classiques du répertoire, comme La Belle au Bois Dormant, Coppélia, Casse-Noisette, La Bayadère... sont accessibles pour des enfants à partir de huit-dix ans environ. Le défilé du corps de ballet, malheureusement de plus en plus rarement programmé, est un spectacle inoubliable : le rideau s'ouvre sur un tableau vivant de l'Ecole de Danse et du corps de ballet au grand complet, du plus petit « rat » aux plus célèbres étoiles.
Les enfants peuvent aussi assister aux « Démonstrations » et au spectacle annuel de l'Ecole de Danse.
Attention ! Ces deux manifestations attirent un public du monde entier. Le moyen le plus sûr est de réserver par e-mail ou par correspondance plusieurs mois à l'avance, dès l'ouverture de la location.

Sur les toits de l'Opéra

(Petits rats à l'Opéra, Odette et ses camarades découvrent le moyen de se promener la nuit sur les toits…)
« Nous rêvions d'aller toujours plus loin, plus haut, et notre rêve fut récompensé. La découverte, dans les combles, d'une porte qui donnait accès à la promenade des toits, agrandissait encore notre domaine. Juchées sur les corniches de la citadelle, les petites filles se promenaient au-dessus de la ville. J'aimais me blottir dans un angle de pierre et surveiller la nuit citadine. J'éprouvais un léger vertige qui me faisait taire et me rendait attentive. En caravane, les petites filles glissaient le long des toits. Leurs frêles et vivantes silhouettes se mesuraient à des personnages de bronze et de pierre, à de gigantesques bouquets pétrifiés. Les trois coupoles qui surplombent l'Opéra gonflaient leurs dangereuses surfaces de bronze vert. L'air me surprenait et je m'appliquais à respirer profondément. Je sentais le vent, le vent nocturne plein de messages. Tout en haut du théâtre, la pensée de ses profondeurs devenait plus vive et prenait tout son sens. L'Opéra s'enfonce dans la terre. C'est là que le labyrinthe prend sa source, et sa légende s'alimente au fleuve souterrain sur lequel il est bâti. »

Odette Joyeux, Côté Jardin.

L'Etoile d'Or

30 rue Fontaine, 9ème.
Tél. 01 48 74 59 55
Métro Blanche

A quelques pas de là

Le Comptoir Colonial. 1 rue Robert-Planquette. Tél. 01 42 58 44 84. Dans un tout autre registre de la gourmandise, épicerie exotique aux mille senteurs inhabituelles.

Les Cheminots. 51 rue de Douai.
Tél. 01 48 74 33 22. Trains électriques, (voir page 65)

Baggi. 33 rue Chaptal.
Tél. 01 48 74 01 39.
D'innombrables parfums de glaces, en cornet ou à emporter.

D'autres magasins collectionnant les douceurs de nos régions

A la Mère de Famille. 35 rue du faubourg Montmartre, 9ème. Tél. 01 47 70 83 69. Métro Grands-Boulevards ou Le Peletier. L'épicerie-confiserie A la Mère de Famille existe à cette adresse depuis 1761. On y vient autant pour l'excellence de ses produits que pour le magasin et sa merveilleuse devanture ancienne.

Confiserie Saint-Pierre. 33 rue de Chaillot, 16ème. Tél. 01 47 20 39 28. Métro Iéna. Cette charmante confiserie à l'ancienne présente un bel assortiment des friandises de nos provinces.

Les Gourmandises de Nathalie. 67 boulevard des Invalides, 7ème.
Tél. 01 43 06 02 98. Métro Duroc. Juste à la sortie du métro, Nathalie étale ses bocaux de réglisse et de guimauve, de« froufrous » acidulés et de « godaille du pêcheur ».

GOURMANDISES DE NOS REGIONS

La propriétaire de ce magasin est une collectionneuse d'un genre particulier qui plaît beaucoup aux enfants. Ce qu'elle a patiemment rassemblé dans son palais de Dame Tartine, ce sont les belles, délectables et combien diverses douceurs de nos régions !

Les classiques calissons d'Aix voisinent avec le nougat de Montélimar et les bêtises de Cambrai. Berlingots de Carpentras, bergamotes de Nancy et violettes de Toulouse sont enfermés dans de grands bocaux à l'ancienne, éveillant à eux seuls toutes les convoitises. Mais bien d'autres spécialités régionales mettent encore l'eau à la bouche des gourmands de France et de Navarre : touron coloré de Bayonne, noirs négus de Nevers, sucres de pomme de Rouen, succulentes forestines de Bourges, anis de Flavigny dans leur boîte de métal ovale, cotignacs d'Orléans dans leur écrin de bois, jolis petits quinquins du Nord...
Pas de doute, c'est à un véritable tour de la France gourmande que sont conviés les visiteurs. Pour situer les lieux d'origine de toutes ces friandises, une bonne idée serait de se munir d'une petite carte de France. Parions que les écoliers les plus récalcitrants apprendront avec enthousiasme cette leçon de géographie sucrée !

Promenade au circuit variable pouvant partir du Métro Chaussée d'Antin, 9ème.

Carnet d'adresses

Galeries Lafayette. 40 bd Haussmann, 9ème. Tél. 01 42 82 34 56. Métro Chaussée d'Antin.

Le Printemps. 64 bd Haussmann, 9ème. Tél. 01 42 82 50 00. Métro Havre-Caumartin.

Le Bon Marché. 22 rue de Sèvres, 7ème. Tél. 01 44 39 80 00. Métro Sèvres-Babylone.

A lire :

« Noël à Paris », de N. Gobi, Mango pratique : toutes les adresses pour préparer et vivre un Noël enchanté à Paris.

NOËL ! LES YEUX QUI BRILLENT

Décembre... Pendant quatre longues semaines, Noël approche à pas de velours. Peu à peu les bougies s'allument, la maison se pare, les vieux chants se réveillent. Mais il y a beau temps déjà que Paris a revêtu sa parure de fête...

Mettant des lueurs d'extase dans les yeux des bambins, mais ravissant aussi les grands, les **vitrines animées** attirent familles et touristes. Les plus poétiques sont souvent celles du Bon Marché, les plus renommées celles du Printemps et des Galeries Lafayette.

Par une froide nuit de décembre, après avoir contemplé à loisir les vitrines enchantées des grands magasins, une **tournée des illuminations** s'impose. A voir tout spécialement :
- le boulevard Haussmann et la place de l'Opéra,
- la rue Royale et la rue de la Paix, rivalisant de magasins de luxe somptueusement décorés,
- le faubourg Saint-Honoré, où des draperies de lumière semblent flotter au-dessus de la tête des passants,
- la place Vendôme, toujours décorée avec une sobre et luxueuse élégance,
- l'avenue des Champs-Élysées, que des kilomètres de guirlandes électriques transforment en rivière scintillante, et le rond-point, avec sa féerique composition de sapins enneigés, de lumières et d'eau (Métro Franklin-Roosevelt),
- l'avenue Montaigne, avec les maisons des grands couturiers habillées de lumière.

Une suggestion : en prenant **l'autobus 42**, entre ses arrêts Chaussée d'Antin (métro Chaussin d'Antin, au niveau du 32 bd Haussmann) et Alma-Marceau, on peut effectuer en toute tranquillité d'esprit une bonne partie de ce « circuit des illuminations ». Si le spectacle n'a pas duré assez longtemps, rien n'empêche de reprendre le bus pour effectuer une seconde fois le parcours en sens inverse !

Autres idées et adresses dans les 9ème et 10ème arrondissements

Musée Grévin.
10 boulevard Montmartre, 9ème.
Tél. 01 42 46 13 26. Métro Grands-Boulevards.
Toujours irremplaçable pour faire connaissance avec Jeanne d'Arc et quelques grands rois de France – en cire mais presque aussi vrais que nature - le musée Grévin a bien changé, faisant désormais une place de plus en plus large aux célébrités contemporaines.
Aux enfants de 7 à 12 ans, des animateurs proposent de se déguiser avant de les suivre pour une visite contée. Inscription à l'avance par téléphone.

Contes au musée de la Vie Romantique.
16 rue Chaptal, 9ème. Tél 01 48 74 28 42. Métro Blanche.
Dans cette demeure, le peintre Ary Scheffer réunissait l'intelligentsia littéraire et artistique des années 1830 : George Sand, Chopin... La visite n'intéresse guère les enfants, par contre de très vivantes séances de contes, auxquelles on assiste en famille, sont régulièrement prévues à leur intention.
Le petit jardin fleuri abrite un exquis salon de thé.

Magasin de jouets Le Ciel est à tout le monde.
7 avenue Trudaine, 9ème. Tél. 01 48 78 93 40.
Métro Anvers.
Cerfs-volants, livres, jeux, billes, osselets, kaléidoscopes et menus jouets.

Librairie L'Ile Lettrée.
89 bd Magenta, 10ème. Tél. 01 45 23 49 78. Métro Gare-du-Nord ou Gare-de-l'Est.
Une librairie dynamique qui propose à ses jeunes habitués des séances de contes et de nombreux ateliers (marionnettes, magie...). Initiative étonnante et remarquable : des *cours de musique* sont destinés aux enfants dès qu'ils ont atteint l'âge de raison et commencent à réfléchir sur le monde. (A partir de 7 ans).

Magasin Sommier.
3 bis et 4 passage Brady. 10ème. Tél. 01 42 39 25 05. Métro Château d'Eau.
Une excellente adresse pour louer ou acheter un costume de marquise, de Chat Botté ou de Zorro.
Avec ses souks bariolés et ses senteurs épicées, le **passage Brady** est une étonnante enclave indienne dans Paris. Non loin de là se trouve la plus petite maison de Paris (39 rue du Château-d'Eau) : elle ne mesure que 1,10 m de large sur 5 m de haut !

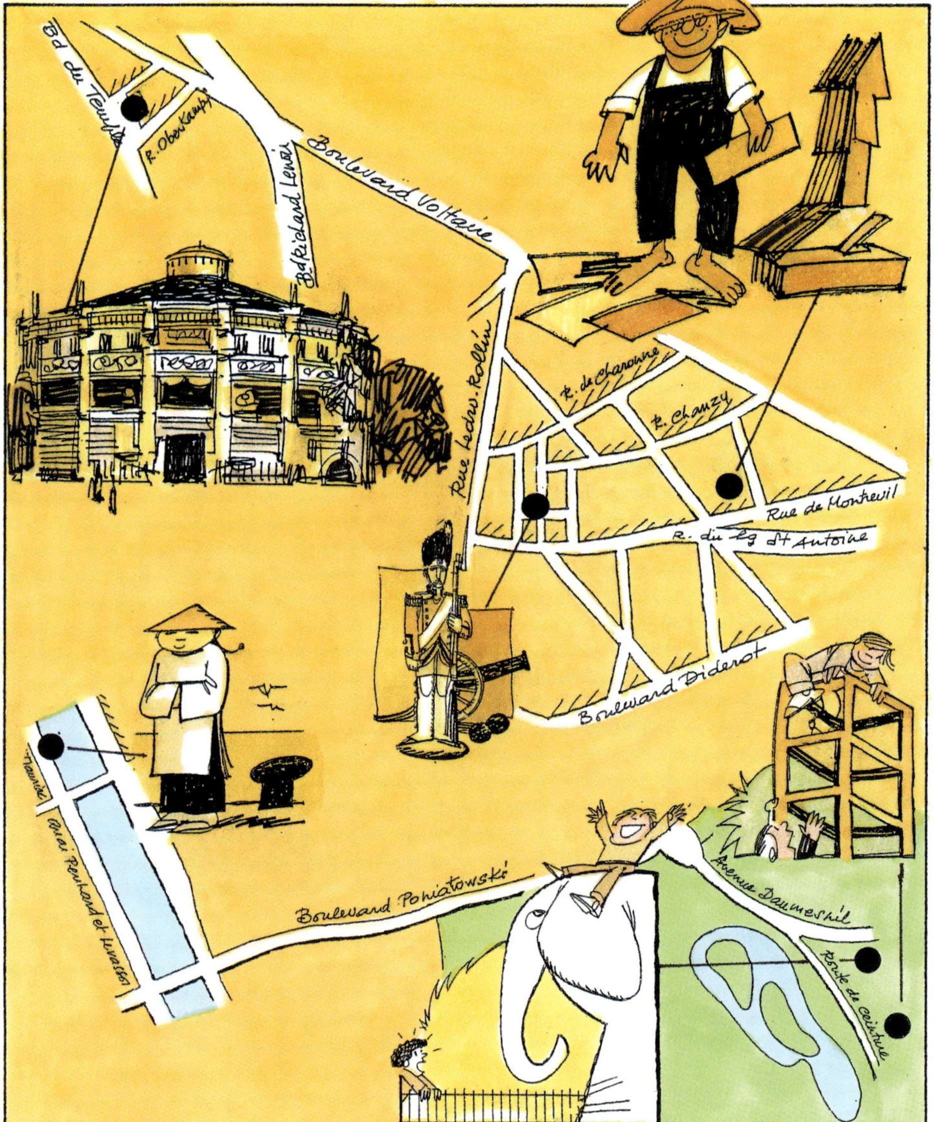
Bd du Temple
R. Oberkampf
Bd Richard Lenoir
Boulevard Voltaire
Rue Ledru Rollin
R. de Charonne
R. Chanzy
Rue de Montreuil
R. du Fg St Antoine
Boulevard Diderot
Quai Panhard et Levassor
Boulevard Poniatowski
Avenue Daumesnil
Route de Ceinture

11ème, 12ème et 13ème
Arrondissements

Onzième Hussard

15 rue Trousseau, 11ème.
Tél. 01 47 00 74 33
Métro Ledru-Rollin

A quelques pas de là

Les cours du faubourg Saint-Antoine. Amusantes à explorer, elles réservent des surprises, tantôt un cadran solaire, un théâtre pour enfants, un jardin, un puits... En remontant vers la Bastille, voir le passage de la Main-d'Or (n° 133), la cour du Saint-Esprit (n° 127), le passage de la Bonne-Graine (n° 115), la cour de l'Ours (n° 95), la cour de la Maison-Brûlée (n° 89), la cour des Trois-Frères (n° 81), la cour de l'Etoile-d'Or (n° 75), la cour Viguès (n° 59), le passage de la Boule-Blanche (n° 50) et la cour Nom-de-Jésus (n° 47).

Autres adresses pour les collectionneurs de soldats de plomb

Les Drapeaux de France. 37 et 38 galerie Montpensier (Jardins du Palais-Royal), Paris 1er. Tél. 01 40 20 00 11. Métro Palais-Royal. Côte à côte, deux boutiques, dont l'une entièrement consacrée aux figurines militaires.

Au Plat d'Etain. 16 rue Guisarde, Paris 6ème. Tél. 01 43 54 32 06. Métro Saint-Sulpice ou Mabillon. Une boutique étroite où s'alignent des armées en miniature. Là aussi, mention spéciale pour la Grande Armée napoléonienne, tous fastes déployés.

Crahet. 2 rue de Penthièvre, 8ème. Tél. 01 42 65 83 22. Métro Miromesnil. Soldats de plombs, mais aussi petits personnages parisiens et santons de Provence.

REGIMENTS BIEN ALIGNES

Pendant les guerres napoléoniennes, le régiment des onzièmes hussards formait, avec le 6ème chevau-légers, la brigade qui s'est rendue illustre par sa participation héroïque à la campagne de Russie.
Dans le 11ème arrondissement, un magasin entièrement dédié aux soldats de plomb fait revivre tout particulièrement les armées du 1er Empire. Les modèles existent en finition étain ou plomb, à peindre soi-même (conseils délivrés sur place par un spécialiste) ou déjà peints à la main par de véritables artistes. Les détails sont représentés avec une précision historique : pas un bouton, pas un brandebourg ne manquent aux différents uniformes !

La variété des figurines proposées est proprement étourdissante : maréchaux (Soult, Murat...) et généraux (Junot, Kléber...), dragons, hussards, chasseurs, lanciers, officiers d'ordonnance et grenadiers de la garde, mameluks, cantinières, porte-étendard, Napoléon à cheval, Napoléon à la lorgnette... jusqu'au malheureux Napoléon à Waterloo. Chariots de ravitaillement, voitures de poste, ambulances et tentes de campagne parachèvent le décor.

Bien entendu, pour mériter de telles petites merveilles, de bonnes notes en histoire sont recommandées.

Un petit soldat pas comme les autres

« Il y avait une fois vingt-cinq soldats de plomb, tous frères, tous nés d'une vieille cuiller de plomb : l'arme au bras, la tête droite, leur uniforme rouge et bleu n'était pas mal du tout. La première parole qu'ils entendirent en ce monde, lorsqu'on souleva le couvercle de la boîte fut : des soldats de plomb ! Et c'est un petit garçon qui poussa ce cri en tapant des mains. Il les avait reçus en cadeau pour son anniversaire et tout de suite il les aligna sur la table.
Les soldats se ressemblaient exactement, un seul était un peu différent, il n'avait qu'une jambe, ayant été fondu le dernier quand il ne restait plus assez de plomb. Il se tenait cependant sur son unique jambe aussi fermement que les autres et c'est à lui, justement, qu'arriva cette singulière histoire. »

Andersen, Le Stoïque Soldat de Plomb.

Ateliers Kapla

27 rue de Montreuil. 11ème.
Tél. 01 43 56 13 38
Métro Faidherbe-Chaligny

A quelques pas de là

A l'intention des parents désœuvrés pendant la durée de l'atelier :

Les cours du faubourg Saint-Antoine, ancien fief des artisans de l'ameublement. En remontant vers la Bastille, on ne compte pas moins de dix cours et passages entre le passage de la Main-d'Or à (133 faubourg Saint-Antoine) et la cour Nom-de-Jésus (47 faubourg Saint-Antoine). Voir détail page précédente.

A l'intention des enfants et de leurs parents avant ou après la séance :

Page 189. 189 rue du faubourg Saint-Antoine. Tél. 01 40 24 07 98. Tranquille librairie au choix éclectique. Le fond du magasin abrite un bon rayon enfants avec une table et des chaises à la taille des apprentis lecteurs.

GIRAFE, PALAIS FRAGILE OU TOUR EIFFEL ?

Imaginez deux ou trois pièces étroites et colorées, à la moquette jonchée de planchettes blondes. Immédiatement captivés par l'atmosphère chaleureuse des lieux, les enfants se déchaussent et, groupés par cinq ou six sous l'égide d'un moniteur, se lancent avec ardeur dans une construction collective.
Le principe du jeu de construction Kapla est éblouissant de simplicité : en superposant des centaines de planchettes, toutes rigoureusement identiques et lisses (pas de rainures, aucun moyen d'assemblage, ni colle, ni clou, ni vis), les enfants construisent des maquettes géantes : tours, châteaux, animaux…
Invités à faire un tour à l'extérieur pendant la durée de l'atelier, les parents sont fascinés lorsqu'ils reviennent : chaque groupe a réalisé une grande maquette éphémère, ingénieuse et belle à couper le souffle : ici un monstre préhistorique, là un pont aux arches multiples, ou encore un palais, un bateau… Bien entendu, les jeunes bâtisseurs sont ravis de sentir de la part des adultes une admiration aussi sincère !

Le jeu peut se poursuivre à la maison : présentées en barils ou en coffres, les planchettes sont vendues sur place. On trouve aussi des livres superbes, montrant des idées de maquettes à réaliser. De quoi donner aux parents l'envie de se lancer à leur tour dans la construction !

Les ateliers ont lieu tous les mercredis et samedis après-midi et tous les jours pendant les vacances scolaires (sauf août). Pour fêter un anniversaire, un atelier peut être constitué spécialement pour un enfant et ses amis.

Cirque d'Hiver Bouglione

110 rue Amelot. 11ème.
Tél. 01 49 29 09 78
Métro Filles-du-Calvaire
Site Internet: http://www.bouglione.com/

A quelques pas de là

Rougier et Plé. 13 boulevard des Filles du Calvaire. Tél. 01 44 54 81 00. Une mine de fournitures pour travaux manuels.

Cité de Crussol. 7, rue Oberkampf. L'une des nombreuses « cités » anciennement artisanales ou industrielles du 11ème arrondissement.

Lulu Berlu. 27, rue Oberkampf. Tél. 01 43 55 12 52. Vente achat et échange de jouets de collection à partir des années 50, essentiellement figurines de héros masculins, type Goldorak, Batman, Big Jim…

Halte gourmande : Crêperie Morgane. 29, rue Oberkampf. Tél. 01 43 55 12 52. Agréable crêperie tapissée de bois blond.

Autres cirques à Paris :
Cirque Alexandra Bouglione, jardin d'acclimatation du Bois de Boulogne (Tél. 01 45 00 87 00).
Au moment des vacances de la Toussaint et de Noël, la plupart des grands cirques se donnent rendez-vous à Paris : cirque **Alexandra Franconi,** cirque **Alexis Gruss,** cirque **Diana Moreno Borman**, cirque du **Grand Céleste, Romanes-cirque Tsigane,** poétique Cirque **Plume**… Tous sont répertoriés dans les hebdomadaires parisiens de spectacles et dans Frimousse.

LE CIRQUE D'HIVER

L'écuyère gracieuse s'élance sur son cheval blanc, le clown aux larges pieds s'empêtre, titube et tombe dans un grand cri. L'auditoire retient son souffle ou se déchaîne en francs éclats de rire.
Flonflons, dorures, éléphants à la parade et chapiteau pointu… Le cirque dresse d'habitude sa tente de ville en ville, annonçant son passage à grands coups de fanfare. Mais à Paris, il est une exception, un chapiteau de pierre richement décoré, qui n'a pas bougé d'un pouce depuis le XIXème siècle.

Sous Napoléon III, les Parisiens avaient coutume d'aller en été au « Cirque Impératrice » des Champs—Elysées. Bientôt ils eurent aussi leur **cirque d'hiver** : le tout nouveau « Cirque Napoléon » de la rue Amelot. C'est là que se produisit Jules Léotard, le premier trapéziste volant de l'histoire du cirque. Rénovée au tournant du XXIème siècle par Sampion Bouglione, cette belle salle continue à attirer un public enthousiaste en plein cœur de Paris. (La saison dure d'octobre à fin janvier.)

Sous la surveillance sourcilleuse de l'emblématique Monsieur Bouglione, voici le clown blanc qui lance d'une main négligente quelques balles dans toutes les directions et les rattrape sans même y faire attention ! Voici un petit singe comique qui jongle aussi bien que son maître ! Y aura-t-il aujourd'hui de la danse acrobatique, des animaux exotiques, un dompteur valeureux, de la voltige, du saut au cerceau ? Il y aura, quoi qu'il en soit, des paillettes dans les yeux d'un auditoire subjugué, il y aura de l'émotion, du rêve et des tonnerres d'applaudissements.

Parc zoologique du bois de Vincennes

53 avenue Saint-Maurice, 12ème.
(dans le bois de Vincennes).
Tél. 01 44 75 20 00
Métro Porte Dorée ou Saint-Mandé Tourelle (1,5 km).
Bus 46, 325 ou 86.
Site Internet du muséum, dont dépend le zoo : http://www.mnhn.fr/

Bois de Vincennes

Rattaché au douzième arrondissement de Paris, le bois de Vincennes est le plus grand espace vert de la capitale. Il offre d'inépuisables agréments aux familles :

100 kilomètres de sentes piétonnes et 23 kilomètres de pistes cyclables (location de bicyclettes au lac Daumesnil et au lac des Minimes).

Quatre lacs, dont deux permettent la navigation en barque : lac Daumesnil, lac des Minimes (location de barques).

Des aires de jeux, notamment face à l'entrée du zoo, sur le plateau de St Mandé et au lac Daumesnil.

Des promenades à poneys : lac de Saint Mandé, ceinture du lac Daumesnil, lac des Minimes.

Un théâtre de marionnettes : plateau de Saint Mandé.

UN JOUR AU ZOO

A quoi rêvent les grands fauves s'éveillant au matin sous un ciel gris-bleu d'Ile de France ? A quoi rêvent les petits singes qui escaladent en sautillant le haut rocher de Vincennes ? De quoi rêvent les enfants à Paris ? De plage, peut-être, mais d'animaux bien plus sûrement !

Au zoo, on peut venir très jeune, lorsqu'on est encore dans sa poussette et qu'on se délecte à reproduire les cris des animaux. Mais à tout âge il est attendrissant d'observer un phoque nouvellement né se couler dans le sillage de sa souple maman. A tout âge il est passionnant d'assister au festin des pélicans ou de constater combien les loups ne payent pas de mine. Et que dire des girafes aux yeux doux, des autruches qui promènent sur de grandes pattes leur air ahuri ? L'alligator est vraiment trop horrible et le pingouin manchot si rigolo ! Et l'éléphant (de son petit nom Coco), et le zèbre, l'hippopotame ventru, l'okapi, le wapiti, le rhinocéros, le dromadaire… A moins que ce ne soit un chameau ?
Détails pratiques :
- le zoo est ouvert tous les jours, y compris dimanches et jours fériés.
- demander un plan à l'accueil et se renseigner sur les naissances récentes et sur l'heure des repas des différents animaux.
- librairie et restaurants dans le parc. On peut aussi pique-niquer.
- les enfants peuvent parrainer un animal en adhérant à la SECAS, Société d'encouragement pour la conservation des animaux sauvages.

DES AIRES DE JEUX EXTRAORDINAIRES
LE CIRQUE D'HIVER

Zoo

À la tombée de la nuit
quand se sont refermées les grilles
l'éléphant rêve à son grand troupeau
le rhinocéros à ses troncs d'arbres
l'hippopotame à des lacs clairs
la girafe à des frondaisons de fougères
le dromadaire à des oasis tintants
le bison à un océan d'herbes
le lion à des craquements dans les feuilles
le tigre de Sibérie à des traces dans la neige
l'ours polaire à des cascades poissonneuses
la panthère à des pelages passant dans des rayons de lune
le gorille à des bananiers croulant de leurs fleurs violettes
l'aigle à des coups de vent dans des canyons de nuages
le phoque aux archipels mouvants de la banquise disloquée
les enfants du gardien à la plage

Victor Hugo

Parc Floral du bois de Vincennes

Entrées esplanade de Vincennes et route de la Pyramide, 12ème.
Tél. 01 55 94 20 20
Métro Château de Vincennes
+ bus 112
http://www.parcfloraldeparis.com/

Dans le jardin même

Petit train pour visiter le parc sans fatigue et quadricycles pour pédaler en bande.

Maison de la Nature : expositions, jardin d'herbes médicinales, ateliers verts et animations pour enfants.

Guignol, dans la tradition lyonnaise, avec Guignol, Gnafron et Polichinelle.

le Delta, théâtre abrité sous une vaste structure blanche, où se jouent à la belle saison les « pestacles », conçus pour les enfant et gratuits.

Librairie, boutique, salon de thé, restaurants (self-service Le Bosquet, restaurant traditionnel Les Magnolias).

Avec ses animations culturelles et ses hectares de fleurs, de bois et d'eau, le Parc Floral offre une palette de propositions alléchantes pour toutes la famille.
Mais ce que les enfants préfèrent, c'est de s'en donner à cœur joie dans les mille et une aires de jeux de cet immense jardin.

Les joues roses d'excitation, ils escaladent toutes sortes de structures, dont le fameux pyracorde de dix mètres de haut, jouent à cache-cache dans des cabanes à leur mesure ou plongent dans la piscine à boules. Heureux comme des rois, ils se promènent en vieux tacot ou en bateau-mouche miniature, s'essayent à conduire une formule 1 ou un brave sulky à pédales... Pendant ce temps, les adultes peuvent se relayer pour explorer le Jardin des quatre saisons, le Jardin des plantes aquatiques et la superbe Vallée des fleurs, où les jardiniers réalisent chaque saison des merveilles colorées.
L'heure du déjeuner rassemblera tout le monde pour un pique-nique dans la pinède bordée de fougères. Puis ce sera peut-être l'heure d'une partie de mini-golf tout à fait originale, avec des obstacles qui représentent les différents monuments de Paris à échelle réduite.

S'il reste encore un peu de temps, c'est l'occasion de découvrir le **Jardin des papillons**, pour voir voler en liberté le splendide machaon, la petite tortue aux ailes de velours, le citron aussi jaune que son nom et toutes les espèces de papillons d'Ile de France.

La Guinguette Pirate

Quai François-Mauriac, 13ème.
Tél. 01 40 21 75 90
Métro Quai de la Gare ou Bibliothèque

MOUSSAILLONS, A L'ABORDAGE !

Samedi après-midi, quai François Mauriac. Au pied de la Bibliothèque de France, une jonque exotique, hérissée de voiles compliquées, intrigue les flâneurs et pousse à son comble l'excitation des enfants. Des voix ravies interrogent : « Maman, dis, c'est là qu'on va ? »
Eh oui, moussaillons d'un jour, vous êtes conviés à quitter la terre ferme et à vous aventurer sur la passerelle de cet étrange bateau, si différent des braves «mouches» parisiens !
Authentique jonque chinoise fabriquée à Canton, la Guinguette reste à quai, mais accueille à son bord conteurs, musiciens ou prestidigitateurs rivalisant de talent pour transporter leur auditoire au pays du rêve. Pendant une heure, les jeunes matelots éblouis retiennent leur souffle, espérant que le voyage ne finira jamais.
La fête s'achève par un goûter, tandis que les enfants ont la liberté de jouer, courir et sauter partout ! Hissez haut, pirates et aventuriers !

A quelques encablures de là
La Route du Cacao. Quai de la gare. Tél. 01.53.82.10.35. Une péniche abritant l'atelier de fabrication le plus alléchant qui soit : du chocolat et encore du chocolat, chaud, froid, glacé, en tablettes, en truffes, en cornet... On peut consommer sur place ou emporter.
La B. N. F. 11 quai François-Mauriac. Tél. 01 53 79 59 59. La visite de la Bibliothèque de France n'intéressera peut-être pas beaucoup les enfants, mais ils aimeront escalader l'immense escalier de bois permettant d'accéder à l'esplanade d'où se découvre un beau panorama sur la Seine, le ministère des Finances et le palais omnisports de Bercy.
Jardinerie Truffaut. 85 quai de la Gare. Tél. 01 53 60 84 50. Ici les jardiniers en herbe trouveront des kits à leur taille et les propriétaires d'animaux tout ce qui est nécessaire au bien-être de leur compagnon à deux ou quatre pattes. Des ateliers pour enfants sont également organisés.
D'autres bateaux-théâtre
Le Kiosque Flottant. Quai de Montebello, 5ème. Tél. 01 43 54 19 51. Métro Maubert-Mutualité. Dans une péniche amarrée sur la Seine, des goûters-lecture sont proposés aux enfants le mercredi.
Bateau-Daphné. Quai de Montebello, 5ème. Tél. 01 30 36 18 88. Métro Maubert-Mutualité. Rires, mystères et prestidigitation...
Péniche Métamorphosis. Face au 7 quai Malaquais, 6ème. Métro Pont-Neuf ou Saint-Germain-des-Prés. Tél. 01 43 54 08 08. Là encore, la magie est à l'honneur : en matinée, spectacles requérant la participation active des jeunes spectateurs, le soir dîners-spectacles pour toute la famille.
Abricadabra Péniche. Face au 69 quai de Seine, 19ème. Tél. 01 42 03 39 07. Métro Riquet. Contes et spectacles pour enfants.

Autres idées et adresses dans les 11ème, 12ème et 13ème arrondissements

Librairie Libralire.
116 rue Saint-Maur, 11ème. Tél. 01 47 00 90 93. Métro Parmentier ou Saint-Maur.
Une librairie agréable, offrant un excellent choix de livres pour les enfants.
Le dimanche matin, un comédien raconte des histoires à un jeune auditoire aux anges.

L'Enfant-Lyre.
17 rue Saint-Sébastien, 11ème. Métro Saint-Sébastien-Froissard. Tél. 01 47 00 14 65.
Une libraire intime où les enfants sont rois. Des histoires y sont parfois contées…

Théâtre des Enfants du Petit Monde.
4 boulevard des Filles-du-Calvaire, 11ème.
Tél. 01 47 00 23 77. Métro Saint-Sébastien-Froissart.
Réservé aux enfants, ce théâtre programme régulièrement des adaptations des œuvres de Perrault et autres contes célèbres. Les spectacles sont répertoriés dans les hebdomadaires parisiens de spectacles et dans le magazine *Frimousse.*

Atelier-Théâtre de la Bonne Graine.
Passage de la Bonne-Graine, 11ème. Tél. 01 43 57 40 47. Métro Ledru-Rollin.
Animé par une compagnie au nom malicieux de *Poudre de Sourire,* un théâtre plein de poésie, caché dans un passage du faubourg Saint-Antoine, Les enfants peuvent ensuite participer à des ateliers pour apprendre à fabriquer des marionnettes.

Magasin La maison du Cerf-volant.
7 rue de Prague, 12ème. Métro Faidherbe-Chaligny. Tél. 01 44 68 00 75. Métro Ledru-Rollin.
Les débutants trouvent dans ce magasin spécialisé des petits cerfs-volants ultra légers, s'envolant au moindre souffle d'air et facilement maniables. Les joueurs plus musclés ont le choix entre de superbes oiseaux multicolores et des poissons étranges aux longues queues flottantes. On peut aussi acheter les fournitures et demander conseil pour réaliser un cerf-volant né de son imagination (le plus beau, bien sûr !)

Comme dans un moulin.
227 rue de Charenton, 12ème. Tél. 01 44 74 96 13. Métro Dugommier.
Dans cette librairie-café, les parents peuvent se détendre autour d'un verre tandis que les enfants cherchent leur bonheur dans le coin livres qui leur est réservé à l'étage. Des soirées de contes ont lieu régulièrement.

Port de plaisance et jardin de l'Arsenal.
Accès par la rampe au niveau du 11 bd de la Bastille (juste en face de la rue de Bercy), 12ème. Métro Bastille.
Sagement alignés tout au long du quai, les bateaux se laissent bercer par des vaguelettes aux reflets de moire. Sur terre, parmi les fleurs de la promenade du bord de l'eau, une aire de jeux avec un grand bateau en bois accueille les jeunes matelots au pied ferme.

Parc de Bercy.
41, rue Paul Belmondo, 12ème. Métro Bercy.
Dernier-né des grands jardins parisiens, le parc de Bercy offre un jardin romantique, de sages carrés plantés de vigne et de roses, ainsi qu'un labyrinthe d'ifs apprécié par les explorateurs en herbe. L'ancien pavillon des services de taxes sur le vin abrite la **Maison du jardinage**, qui propose des ateliers aux enfants désirant manier la bêche et le râteau. Renseignements par téléphone au 01 53 46 19 19.

Promenade plantée.
Plusieurs accès et sorties possibles, dont un escalier avenue Daumesnil (près de l'Opéra Bastille), 12ème. Métro Bastille.
La promenade s'étire sur quatre kilomètres entre la Bastille et le boulevard Soult, passant tantôt sur un viaduc, tantôt au fond de tranchées aménagées en coulée verte. La première partie (au départ de Bastille) est exclusivement piétonne, puis, à partir de l'accès « gare de Reuilly », rollers, trottinettes et vélos s'en donnent à cœur joie,

Musée des Arts forains.
Pavillons de Bercy, 53 avenue des Terroirs-de-France, 12ème. Métro Cour-Saint-Emilion.

Un musée véritablement enchanté, avec ses collections de vrais manèges qui tournent. Attention ! La visite se fait uniquement sur rendez-vous.

Tableau d'Honneur.
77 boulevard Picpus, 12ème. Tél. 01 43 44 67 47. Métro Picpus ou Nation.
Librairie spécialiste de l'enfance : cassettes audio et vidéo, jeux éducatifs, jouets et menus articles divers.

Raimo.
61 boulevard de Reuilly, 12ème. Tél. 01 43 43 70 17. Métro Daumesnil. Ce glacier propose un choix de délices à se pourlécher les babines !

L'Aquarium Tropical.
293 avenue Daumesnil, 12ème. Tél. 01 43 46 51 61. Métro Porte-Dorée.
Dans un cadre un peu désuet, une centaine d'aquariums abritent des poissons des mers chaudes. Les crocodiles et les tortues géantes ont toujours grand succès.

Théâtre Astral.
Parc Floral, bois de Vincennes, 12ème.
Tél. 01 42 41 88 33.Métro Château de Vincennes + bus 112.
Dans un joli théâtre à l'italienne, représentations de qualité pour les trois-neuf ans. Les spectacles sont répertoriés dans les hebdomadaires parisiens de spectacles et dans le magazine *Frimousse*.

Ferme Georges Ville.
Route du Pesage, bois de Vincennes, 12ème.
Tél. 01 43 28 47 63.
Métro Château de Vincennes + bus 112.
Veaux, vaches, cochons, moutons... Pour la grande joie des enfants, ils sont tous au rendez-vous dans cette ferme pédagogique nichée au cœur du bois de Vincennes.
Le soir, on peut même assister à la traite du lait.
Fin septembre, tous les gourmands de Paris ont rendez-vous ici pour une grande **Fête des Confitures**. Début octobre, en l'honneur de Saint-François d'Assise - patron des animaux - la ferme organise un **défilé d'attelages** comme on pouvait en voir anciennement dans nos campagnes.

Musée des Transports Urbains.
60 avenue Sainte-Marie, Saint-Mandé (pas tout à fait à Paris, mais presque).
Tél. 01 43 28 37 12. Métro Porte Dorée + bus 46.
Du carrosse à l'omnibus à impériale, en passant par le tramway à chevaux, on apprend comment on se déplaçait à Paris avant l'ère du métro et de l'automobile. Complétant la visite, une projection de courts documentaires ressuscite la vie d'autrefois dans les rues de la capitale.

Jardin de l'Observatoire.
98 boulevard Arago, 13ème. Métro Denfert-Rochereau ou Saint-Jacques. Ouvert du 1er avril au 30 octobre, l'après-midi seulement.
Dans ce jardin, on a figuré un système planétaire à échelle réduite : une bonne façon de s'initier aux rudiments de l'astronomie ! Le méridien de Paris (qui passe juste par le milieu de l'Observatoire) est également matérialisé dans le jardin.

Librairie Mots et Merveilles.
63 boulevard Saint-Marcel, 13ème. Tél. 01 47 07 25 21. Métro Gobelins ou Saint-Marcel.
Contes, comptines, rondes, chansons et surtout une inépuisable collection de CD et de livres-cassettes, pour enfants et pour adultes. Ici rien n'est à lire, tout est à écouter.

Parc de Choisy.
149 avenue de Choisy, 13ème. Métro Tolbiac.
Le tranquille et classique square de Choisy abrite des aires de jeux, un grand bassin, un petit manège ancien à anneaux et un castelet de marionnettes.

Magasin de jouets Les Bolides miniatures.
12 rue du Docteur Victor Hutinel, 13ème.
Tél. 01 45 83 94 93. Métro Nationale.
Tout près du square de Choisy, ce magasin est spécialiste des petites voitures et autres bolides en tous genres, y compris des trottinettes.

Jardin Héloïse et Abélard.
Place du Renard (derrière l'église Jeanne d'Arc), 13ème.
Embaumé par des herbes odorantes, planté de fleurs, de légumes et de fruitiers, rafraîchi par cinq petites fontaines et un ruisseau au murmure cristallin, ce « jardin des cinq sens » mérite bien son nom.

La Cachette.
124 avenue d'Italie, 13ème. Tél. 01 45 89 02 20. Métro Maison-Blanche.
Véritable bijou, ce théâtre miniature accueille les bambins dès leur âge le plus tendre (2-3 ans).

Chinatown.
Quartier de l'avenue d'Ivry et des Olympiades. 13ème. Métro Porte d'Ivry.
Toute une partie du 13ème arrondissement est devenue une véritable « Chinatown ».
Le supermarché **Tang Frères**, 48 avenue d'Ivry, est à lui seul un monde d'odeurs et de saveurs exotiques. Sur la dalle des Olympiades, des restaurants invitent au dépaysement et choient les enfants comme des rois.
Le quartier est particulièrement pittoresque en février, pendant les fêtes du Nouvel An chinois, avec ses **parades de dragons** (les dates précises varient, se renseigner à la mairie du 13ème, tél. 01 53 62 13 22).

Théâtre Dunois.
108, rue du Chevaleret, 13ème. Métro Chevaleret.
Un excellent petit théâtre destiné à la jeunesse. Bien pensée, la programmation va des contes anciens à des fantaisies contemporaines pétillantes d'humour.

Rue de la Convention
R. des Morillons
Av. Pte Brancion
Bd Lefèbvre
RECETTES
Av. R. Coty
Av. Jean Moulin
Av. Gl Leclerc
Bd Brune

14ème et 15ème Arrondissements

Les Catacombes

1 place Denfert-Rochereau 14ème.
Tél. 01 43 22 47 63
Métro Denfert-Rochereau

Carnet d'adresses

Les cousins d'Alice. 36 rue Daguerre. Tél. 01 43 20 24 86. Dans la sympathique rue Daguerre, une librairie conviviale, où les jeunes lecteurs aimeront fouiner parmi les livres, disques, cassettes et menus jouets.

Halte gourmande : Le Moule à gâteaux, 17 rue Daguerre. Les émotions creusent c'est bien connu. Une petite douceur sera bienvenue.

PARIS MACABRE ET SOUTERRAIN

Et si l'on jouait à descendre sous terre pour se faire peur ?

Dans les souterrains des Catacombes s'entassent des monceaux d'ossements provenant de vieux cimetières parisiens, en particulier du cimetière des Innocents. Dès l'entrée, le ton est donné par l'inscription de ce vers gravé au-dessus de la porte : « Arrête, c'est ici l'empire de la Mort. ». Il y a certes de quoi trembler d'effroi !
On commence par s'enfoncer dans le sous-sol par un escalier en colimaçon, puis on s'engage dans un réseau de galeries aveugles, ponctuées de lieux aussi sympathiques que la Rotonde des tibias, le Puits aux squelettes ou la salle de la Lampe sépulcrale.
Petite précaution pour ne pas mourir de frayeur : ne pas oublier de se munir d'une lampe de poche ! (Qu'on se rassure, le parcours est éclairé, mais il demeure quantité de recoins obscurs). En été, un lainage est indispensable ; il ne fait pas chaud à 20 mètres sous terre !

Après cette incursion dans les profondeurs obscures, on humera l'air pur avec délice, puis on pourra admirer, trônant au beau milieu de la place, le Lion de Denfert-Rochereau, reproduction en taille réduite de la gigantesque statue de la ville de Belfort.
Pour finir de rasséréner les esprits, l'agréable librairie Les cousins d'Alice offre son refuge à deux pas de là, rue Daguerre ; et pour les affamés, pâtisseries et boulangeries ne manquent pas dans cette pittoresque rue commerçante.

Le Lion de Denfert-Rochereau

A Denfert-Rochereau
Sur son socle là-haut
Un lion très comme il faut
Surveille les autos
Du matin jusqu'au soir
Il fait plaisir à voir
Image du devoir
C'est un lion sans histoires

Au milieu de la nuit
Le lion bâille et s'ennuie
Il saute de son socle
Il chausse son binocle
Il prend son parapluie
Et disparaît sans bruit
Dans les rues de Paris
La nuit les lions sont gris

Quand le temps est au beau
Le lion fait du vélo
Quand le temps est à l'eau
Il fait du pédalo

Il va voir ses amis
Les chevaux de Marly
Les lionceaux et les lions
Place de la Nation

Il revient au matin
D'un pas incertain
Il ôte son binocle
Il saute sur son socle
Et devient aussitôt
Un lion très comme il faut
Immobile là-haut
A Denfert-Rochereau

Comme un vieux Parisien
Le Lion va le lion vient
Personne n'en sait rien
Mais en écoutant bien
On entend tout là-haut
A Denfert-Rochereau
Le gros lion qui ronronne
Ne le dis à personne

Jacques Charpentreau

Denfert ou Enfer ?

Jusqu'à la fin du siècle dernier, la place portait le nom curieux de place d'Enfer, du nom de la barrière d'Enfer, importante porte d'entrée dans Paris. Plus tard, lorsque la reproduction du Lion de Belfort vint la décorer, elle devint place Denfert-Rochereau, du nom du colonel Denfert-Rochereau, défenseur de la ville de Belfort. Curieusement, les deux étymologies n'ont donc rien à voir.

Marché du livre ancien Georges Brassens

Rue des Morillons, 15ème. (Samedi et dimanche uniquement) Métro Convention ou Porte de Vanves

---

Autres adresses où trouver des illustrés et livres d'enfants dans des éditions anciennes

Roland Buret. 6 passage Verdeau, 9ème. Tél. 01 47 70 62 99. Métro Grands-Boulevards ou Richelieu-Drouot. Retirée dans un passage doucement assoupi, l'antre sympathique de Roland Buret ravit petits et grands. On trouve ici livres, illustrés et bandes dessinées pour la jeunesse, de 1900 à 1980 : La Famille Fenouillard ou Le Sapeur Camembert en éditions originales, des collections de Tintin quasi-historiques, ou plus simplement des exemplaires de La Semaine de Suzette, Lisette, Spirou, Aggie, Bibi Fricotin ou les Pieds Nickelés.

L'Age d'or. 59 rue Raymond Losserand, 14ème. Tél. 01 42 79 89 89.
Métro Pernety. L'Age d'or remplace avec bonheur le grenier que peu de familles ont encore. La maison est spécialisée dans les anciennes collections Verte, Rose, Rouge et Or et Hachette Jeunesse des années 1960 à 1980.

Bibliothèque L'Heure Joyeuse. 6-12 rue des Prêtres-Saint-Séverin, 5ème.
Tél. 01 43 25 83 24. Métro Saint-Michel ou Cluny-Sorbonne. Remarquable par son fonds ancien de littérature pour la jeunesse.

LES BD DE MAMIE ET DE GRAND-PAPA

« Mamie, qu'est-ce que tu lisais quand tu étais petite ? Est-ce que les BD existaient déjà ? »
Voici un bon prétexte pour entraîner un bambin dans le fond du 15ème arrondissement, un week-end de beau-temps. Le samedi et le dimanche, les anciennes halles aux chevaux des abattoirs de Vaugirard abritent un marché du Livre ancien, où l'on peut dénicher, entre autres, des magazines et ouvrages pour la jeunesse.
En flânant dans les allées, parents et grands-parents découvrent les illustrés fétiches de leur enfance. Attendris, ils feuillettent de vieux numéros de Fillette ou de Sylvain et Sylvette. Ils s'esclaffent de bon cœur en retrouvant la bouille ronde d'Arthur et de Zoé. A force de fouiner parmi les vieux livres de collections aujourd'hui disparues, peut-être finiront-ils par dénicher L'île Rose qui sut émouvoir leurs huit ans ou Le Mouron Rouge qui enflamma l'ardeur de leurs douze ans ? Détail sympathique, les prix sont très abordables. Les grands et très grands enfants peuvent acheter sans remords de quoi faire partager leurs enthousiasmes aux générations d'aujourd'hui.

Le marché jouxte le parc Georges Brassens, où la petite classe peut s'ébattre dans les rochers du « mur d'escalade » avant de traverser la rivière sur un passage à gué. Des aires de jeux plus traditionnelles proposent toboggans, maisonnettes et structures à grimper. Et, tout en haut du parc, une vigne et un rucher constituent un but de promenade.

L'Herbe rouge

1 bis rue d'Alésia, 14ème.
Tél. 01 45 89 00 99.
Métro Alésia

A quelques pas de là

Magasin de jouets Passions. 9 rue Poirier-de-Narçay, Tél. 01 43 22 53 69. Passion voiture : chez les hommes, elle commence à deux ans et ne finit jamais ! Une certitude : chez Passions, des centaines et des centaines d'automobiles en modèle réduit s'offrent à la convoitise des pères, fils, frères, oncles, neveux, filleuls…

La Maison des Bonbons. 14 rue Mouton Duvernet, Tél. 01 45 41 25 55. Le palais de la gourmandise ! (voir page 44).

D'autres librairies spécialisées pour les enfants (voir aussi Les cousins d'Alice page suivante, le Scarabée page 40 et Les Fanfans page 33)

Chantelivre. 13 rue de Sèvres, 6ème. Tél. 01 45 48 87 90. Métro Sèvres-Babylone. Très renommée, cette vaste librairie est entièrement spécialisée dans l'enfance et la jeunesse. A côté des rayonnages de livres abondamment garnis, on trouve aussi des jouets, des cassettes, des cartes postales amusantes, des posters et de charmants articles de papeterie dont raffolent les écoliers.

Le Chat Pitre. 22 bis rue Duchefdelaville., 13ème. Tél. 01 44 24 52 20. Métro Chevaleret. Tout près du square Héloïse et Abélard, une bonne librairie de l'enfance qui propose des séances de contes aux jeunes lecteurs et apprentis lecteurs.

Le Dragon Savant. 4 bis rue de Palestine, 19ème. Tél. 01 42 45 75 30. Métro Jourdain. Une merveilleuse librairie réservée aux enfants, animée par des séances de contes, des ateliers et des festivals.

AU BONHEUR DE LIRE

Il était une fois une souris verte, un chat plus malin que son maître, un jeune sorcier en route pour le collège, une rose qui bâillait d'ennui… Les librairies de l'enfance sont dans la capitale de fraîches oasis où flottent un goût d'aventure, un air de poésie, un parfum de merveilleux.
A *L'Herbe rouge*, chaleureux magasin à la devanture peinte en bleu violet et rouge éclatant, les enfants sont rois. Dès leur plus jeune âge, ils viennent autant qu'ils le veulent et feuillettent les ouvrages de leur choix. Une équipe de professionnels passionnés met tout en œuvre pour leur communiquer le goût du livre, de la poésie, du conte et du roman.
Dès leurs cinq-six ans, on propose aux enfants des ateliers de lecture, sous la forme de Goûter des livres, où sont abordées des histoires autrement passionnantes que les textes étudiés à l'école. Les yeux pétillent, les questions fusent, on veut voir et revoir les illustrations… Ah que l'histoire était belle !
A ce compte, les petits dévoreurs d'images n'ont qu'une envie : dévaliser les rayons du magasin et poursuivre l'enchantement à la maison. Les voici gagnés par le virus de la lecture !
La librairie comporte un très important rayon jeunesse, avec une gamme intelligemment choisie de livres de fond et de nouveautés de qualité, pour tous les âges, à partir des tout-petits jusqu'aux adolescents. Marionnettes, jeux et cassettes audio et vidéo complètent le coin destiné aux plus jeunes. Les parents ont aussi leur rayon, avec des romans policiers et de science-fiction, des bandes dessinées, des ouvrages de littérature contemporaine et des livres concernant l'éducation et la vie familiale.

Si peu de temps pour lire

« Ma sœur lit à haute voix et je l'écoute passionnément...
Le moment est éphémère, la lecture précaire. Je surveille le ciel qui se décolore et un petit nuage encore rose qui va, semble-t-il déjà se coucher....
Aurons-nous le temps de finir le chapitre? Ma sœur presse les mots, enfile les phrases sans points ni virgules, mais je comprends tout. Nous sommes au château de Fleurville ; des chevaux se sont emballés et la berline se casse justement là, devant la grille du parc.
Ici le ciel se remplit d'une cendre fine.
Voilà qu'une voix brusque rompt l'enchantement. Il faut se lever, reculer pour se protéger du froid de la fenêtre, ouverte bruyamment. La main preste fait disparaître le ciel, et ma sœur a juste le temps de s'écrier : « Attendez que je marque la page ! » avant qu'on ne lui enlève le livre des mains.
Demain?
Oui, demain, si les devoirs ne sont pas trop longs, si la couturière ne vient pas, non plus que le docteur, visiteur trop assidu, si... »

Edmée Renaudin, Edmée au bout de la table.

Autres idées et adresses dans les 14ème et 15ème arrondissements

Parc Montsouris.
Entrées avenue Reille, boulevard Jourdan, rue Gazan et rue Nansouty, 14ème. Métro Porte d'Orléans ou R.E.R. Cité Universitaire.
Vert printemps, c'est la couleur du parc Montsouris, qui déroule le long de ses allées sinueuses les pelouses les plus opulentes de Paris. Sur le lac, autour d'une île, des canards se trémoussent de l'arrière-train, faisant la nique aux grands cygnes majestueux.
Les enfants disposent de belles aires de jeux, d'une piste de patins à roulettes, et leur ami Guignol est au rendez-vous.
Originalité de ce parc, il abrite la **mire de l'Observatoire** (proche de l'entrée du boulevard Jourdan, vers la droite), curieux monument matérialisant le passage du méridien de Paris. A proximité, les jeunes détectives pourront chercher au sol le premier des 135 médaillons métalliques disposés du sud au nord de la capitale, le long du trajet virtuel du méridien. Indice : le médaillon porte le nom de François Arago, homme politique et astronome.
En sortant du jardin (sortie rue Gazan), les amateurs de friandises auront peut-être envie de casser leur tirelire à l'exquise confiserie **Aux Délices de Montsouris**, 242 rue de Tolbiac (tél. 01 45 89 61 14).

Magasin de jouets Au Paquebot Normandie.
247 rue de Tolbiac, 14ème. Tél. 01 45 89 57 38.
Métro Glacière.
En face de la confiserie *Aux Délices de Montsouris*, le magasin *Au Paquebot Normandie* enthousiasme les jeunes garçons, avec ses trains électriques, ses modèles réduits, ses soldats de plomb et ses boîtes de Meccano. Dans la vitrine, une grande maquette du célèbre paquebot *Normandie* suscite l'admiration des passants.

Magasin de jouets l'Atelier de Gepetto.
84 rue de l'Ouest, 14ème. Tél. 01 43 20 92 97.
Métro Pernety.
Un atelier coloré, peuplé de pantins, de poupées d'artistes, de marionnettes et de jouets tendres et drôles.

Magasin de jouets Vire Vole Cerf-volant.
31 rue Raymond Losserand, 14ème. Tél. 01 43 20 15 38.
Métro Pernety.
De toutes les formes, aux couleurs de l'arc-en-ciel, les cerfs-volants voisinent avec des manchons à air, des boomerangs, des frisbees et même quelques jouets qui ne volent pas.

Magasin Un point c'est tout.
6 rue César Franck, 15ème. Tél. 01 47 34 18 43.
Métro Ségur ou Sèvres-Lecourbe.
Exilée dans une rue calme au voisinage de la place de Breteuil, une charmante mercerie propose des ateliers de broderie aux fillettes tentées par l'expérience d'un ouvrage au petit point.

Guignol du Square Saint-Lambert.
Square Saint-Lambert, 15ème. Tél. 01 56 23 10 87. Métro : Vaugirard ou Commerce.
Dans le très sage square Saint-Lambert, ce Guignol traditionnel est le point de ralliement des jeunes enfants.

Magasin de jouets Miniarêve modèles réduits.
5 rue Léon Séché, 15ème. Tél. 01 48 28 86 91.
Métro Vaugirard.
Tout près du square Saint-Lambert, cette boutique attise la convoitise des jeunes promeneurs, avec ses voitures, camions, avions, bateaux de toutes tailles et de toutes marques.

Parc André Citroën.
Quai André-Citroën, rue Leblanc, rue Saint-Charles, rue de la Montagne-de-la-Fage, rue de la Montagne-de-l'Esperou, 15ème. Tél. 01 45 57 13 35. Métro Balard ou Javel.
Dans ce parc moderne, une immense pelouse invite à toutes les joies familiales : jeux de ballon, cerf-volant, pique-nique, et même à une ascension en montgolfière ! (Voir page 109). Mais en été, le jeu de prédilection des enfants consiste à slalomer à travers les jets rafraîchissants du *péristyle d'eau*. Il est prudent de prévoir une tenue rechange !

Musée de la Poste.

34 boulevard de Vaugirard, 15ème. Tél. 01 42 79 23 45. Métro Montparnasse Bienvenue ou Pasteur.
La visite du musée de la Poste peut se faire en famille, avec un livret-découverte à demander à l'accueil. Des ateliers sont proposés aux 8-12 ans, philatélistes ou non.

Musée Bourdelle.

18 rue Antoine-Bourdelle, 15ème. Tél. 01 49 54 73 91. Métro Montparnasse-Bienvenue.
Dans ce musée, ce sont les ateliers de sculpture et d'art pour enfants qui semblent intéressants, plus qu'une visite familiale.

Magasin La Maison du Collectionneur.

137 avenue Emile Zola, 15ème. Tél. 01 45 79 91 43. Métro Emile Zola.
D'aimables propriétaires accueillent volontiers les jeunes collectionneurs et leur font découvrir cartes postales, fèves et autres attachants objets anciens.

Ile aux Cygnes.

15ème. Métro Charles-Michel ou Bir-Hakeim.
Longue bande de terre portant à son extrémité Ouest la Statue de la Liberté (réplique à échelle réduite de celle de New York), l'île aux Cygnes ne présente en temps ordinaire qu'un intérêt limité pour les enfants. Par contre, le 14 juillet, c'est un bon endroit pour voir les feux d'artifice du Trocadéro. Ce soir-là, des familles entières prennent possession de l'île et s'installent confortablement sur les pelouses en attendant que crépitent les premières gerbes.

Av. de Clichy
R. Brochant
Rue de Rome
Rue Cardinet
Av. de Villiers
R. de Prony
Av. de Wagram
Av. des Ternes
Avenue Raphael
Av. du Ranelagh
Rue de Passy
R. Raynouard
av. Presid. Kennedy

16ème et 17ème Arrondissements

Promenade autour des rues Raynouard et Berton, 16ème.

Métro Passy

Balzac et la saison des prunes

Le célèbre écrivain Balzac, qui manquait toujours d'argent, était harcelé par ses créanciers. Pour leur échapper, il vint se réfugier au village de Passy, dans une petite maison bâtie sur un terrain en pente, entre les rues Raynouard et Berton. Il y habitait sous un faux nom et n'y laissait entrer que les visiteurs capables de prononcer le mystérieux mot de passe « La saison des prunes est arrivée » ou encore « J'apporte des dentelles de Belgique ».
Si jamais le visiteur sonnant rue Raynouard paraissait inquiétant, l'écrivain pouvait s'échapper par l'issue de la rue Berton, tout content du bon tour joué à l'importun.

Carnet d'adresses

Musée du Vin. 5 square Charles Dickens. Tél. 01 45 25 63 26.
Maison de Balzac. 47 rue Raynouard. Tél. 01 42 24 56 38.
Nature et découvertes. 61 rue de Passy. Tél. 01 42 30 53 87.
Régis. 89 rue de Passy. Tél. 01 45 27 70 00.

CIRCUIT MYSTERIEUX DU VIEUX PASSY

Passy fut pendant longtemps un village de la campagne environnant Paris. Aujourd'hui encore y subsistent quelques ruelles secrètes, inconnues de bien des parisiens.

A partir du métro Passy, remonter la rue de l'Alboni et tourner à gauche dans la rue Raynouard, anciennement appelée rue Haute. Au n° 7 s'ouvre la curieuse **rue des Eaux**, avec son raide escalier, encaissé entre un mur et de hauts immeubles.
Le nom rue des Eaux rappelle la source d'eau minérale où, jusqu'à la fin du XVIIIème siècle, il fut à la mode de venir «prendre les eaux de Passy».
Au bas de l'escalier, prendre à gauche jusqu'au **musée du Vin**. Une visite rapide intéressera les adultes et donnera aux enfants l'impression de remonter le cours du temps, en cheminant le long de **profondes galeries voûtées**, peuplées de personnages de cire.
Après la visite, reprendre la rue des Eaux et franchir une grille sur la droite. Par les avenues René Boylesve et Marcel Proust, on parvient à l'entrée de la **rue Berton.** Soudain on quitte Paris et le XXIème siècle. Une étonnante ruelle à gros pavés se faufile entre des murs sombres... Au n° 24, une borne marque la limite entre l'ancien village de Passy et la seigneurie d'Auteuil. Au même endroit se trouve l'issue basse de la **maison de Balzac**, par où il s'enfuyait secrètement.
En sortant de la rue Berton, gravir les escaliers tout de suite à droite. On débouche rue Raynouard, d'où l'on a une vue plongeante sur la maison de Balzac et son jardin.
La visite de la maison est intéressante pour des enfants d'une douzaine d'années.

On peut rejoindre ensuite la rue de Passy, faire un arrêt chez *Nature et découvertes*, beau magasin d'objets, jeux et jouets se rapportant à la nature et terminer par une visite savoureuse au chocolatier Régis.

JOUR DE FETE AU RANELAGH

Au jardin du Ranelagh, tout est groupé à portée de jambettes encore courtes : piste de patins à roulettes, « mer de sable », toboggans, Guignol, manège ancien, promenades à dos d'âne et kiosque à confiseries.
Cependant, le Ranelagh ne fut pas toujours ce paradis enfantin. Au XVIIIème siècle, c'était la cour de Marie-Antoinette qui venait ici s'amuser et danser en plein air !

Bien sûr, on peut tout simplement aller jouer dans ce beau jardin le mercredi ou le dimanche. Mais, pour une fois, si l'on y faisait une fête, renouant ainsi avec la tradition ancienne ?
Pour commencer : **Guignol !** On peut réserver à l'avance (Tél. 01 45 83 51 75) ; les spectacles durent une heure et le théâtre est abrité. Ensuite, pourquoi pas un concours de bulles de savon ? Toutes les bulles seront récompensées, les plus grosses, les plus drôles, celles qui montent le plus haut et même celles qui éclatent le plus vite !
Détail qui rendra la journée inoubliable : les lauréats gagneront des « bons » à dépenser chez **la marchande de bonbons** du kiosque ! Pour épuiser leur énergie, les farfadets infatigables pourront encore sauter dans la « mer de sable », dévaler les toboggans et s'en donner à cœur joie sur les balançoires vertes à nacelle.

Jardin du Ranelagh

Avenue Ingres, Avenue du Ranelagh, 16ème.
Métro La Muette

A quelques pas de là

Pascal le Glacier. 17, rue Bois-le-Vent. Tél. 01.45.27.61.84. Glaces au pain d'épice pour la petite classe et délicats sorbets pour les parents.

Nature et découverte. 61, rue Passy. Tél. 01 42 30 53 87. On y trouve des panoplies permettant de faire toutes sortes de bulles (allongées, géantes, en salve...), ainsi qu'une multitude de jeux de plein-air.

Autre idée pour une fête de plein air

Chasse au trésor dans l'île
L'île : au bois de Boulogne, île du lac inférieur (accès au lac par la porte de la Muette), traversée jusqu'à l'île par le bac.
Le trésor (à enterrer !) : une boîte métallique remplie de pièces en chocolat, perles d'argent et menus colifichets brillants. De message secret en message secret, les concurrents, divisés en deux ou trois équipes, devront deviner la cachette du trésor. Ne pas oublier la pelle !

Le Stübli

11 rue Poncelet, 17ème.
Tél. 01 42 27 81 86
Métro Ternes

A quelques pas de là

Marché aux Fleurs de la place des Ternes. Métro Ternes. Comme celui de l'île de la Cité, à l'approche de Noël ce marché se couvre de magnifiques sapins.

Angèle, Gaspard et Cie. 65 rue Pierre Demours. Dans sa belle mercerie, Angèle propose des tissus pimpants, imprimés aux couleurs de Noël, et un large choix de rubans de fête.

Couronnes et biscuits de l'Avent

Au Bonheur des Dames. 39 passage Jouffroy, 9ème. Tél. 01 45 23 06 11. Métro Grands-Boulevards. A côté du délicieux magasin de jouets Pain d'Epice, cette boutique regorge de rubans, de très belles couronnes et vend aussi des décorations d'arbre de Noël de genre un peu ancien.

Rougier et Plé. 13 boulevard des Filles du Calvaire, 3ème. Tél. 01 44 54 81 00. Métro Filles-du-Calvaire. Couronnes en paille et toutes les fournitures pour les garnir soi-même : mousse, rubans, fleurs ou petits fruits, selon l'inspiration.

Boulangerie-pâtisserie Alsacienne. 4 rue du Cardinal Lemoine 5ème. Métro Cardinal Lemoine. Tél. 01 43 26 15 80. En décembre, de sublimes odeurs d'épices et de pâte chaude s'échappent de cette pâtisserie renommée. Brederle, springerle et autres biscuits à la cannelle ou à l'anis arrivent dans la boutique par fournées alléchantes.

En décembre, les pays germaniques ont des coutumes aussi savoureuses que chaleureuses : dès le début de l'Avent, maîtresses de maison et pâtissiers s'affairent à confectionner des biscuits en forme d'étoiles, des pains d'épices décorés de sucre et le fameux *stollen* (gâteau fourré de Noël).

Dans la vivante rue Poncelet, connue pour ses commerces alimentaires et son marché permanent, Le *Stübli* est une pâtisserie autrichienne où s'achètent toutes ces gourmandises traditionnelles. Pour le plus grand plaisir des enfants, le magasin propose aussi, pendant les fêtes, une multitude de sujets en chocolat ou pâte d'amande à accrocher dans le sapin.
L'atmosphère de Noël se faufile jusqu'au premier étage, occupé par un salon de thé aux tables décorées de couronnes de l'Avent. On peut y déguster un épais chocolat viennois, accompagné de strudel aux pommes ou d'une *linzer torte.*

Jolie façon de patienter jusqu'à Noël, la couronne d'inspiration germanique se pose sur un meuble ou se suspend au plafond. Piquées parmi des feuillages et des nœuds de rubans, quatre bougies attendent d'être allumées, dimanche après dimanche, pendant les quatre semaines de l'Avent.

L'Atelier de Maïté Poupée

8 rue Brochant, 17ème.
Tél. 01 42 63 23 93
Métro Brochant

A quelques pas de là

Le Bonhomme de Bois.
45 rue des Moines, 17ème.
Tél. 01 42 29 34 04. Jouets attendrissants, babioles et décors pour les anniversaires.

Square des Batignolles. Place Charles Fillion. Un square parisien typique, avec sa rivière artificielle, sa pièce d'eau où barbotent les canards, son manège et sa piste de patins à roulettes.

Cité des Fleurs. Entrée 154 avenue de Clichy. Une ruelle secrète, exquise à découvrir, avec ses jardinets débordant de roses et de lilas.

D'autres magasins sur le thème de la poupée ancienne (voir aussi page 26)

Arielle antiquités, Les Poupées Retrouvées. 16 rue Brémontier, 17ème. Tél. 01 48 88 98 77. Métro Wagram. Arielle fabrique, vend et répare des poupées. Elle coud aussi des vêtements pour habiller les poupées anciennes.

Romaric et les souvenirs de Gabriel. 17 rue Saint-Paul, 4ème. Tél. 01 48 87 08 35. Métro Saint-Paul. Au cœur du village Saint-Paul, un ensorcelant magasin de jouets du temps jadis. On y admire notamment des poupées avec tous leurs accessoires.

UNE POUPEE BIEN EQUIPEE

Au temps des Petites filles modèles les poupées avaient un trousseau plus somptueux que celui d'une jeune mariée, où tout allait par douzaine : des petits pantalons bordés de dentelle aux mouchoirs finement ajourés.
C'est à *L'Atelier de Maïté Poupée*, que revivent le mieux ces fastes des temps jadis. Dans sa boutique cachée au fond du 17ème arrondissement, Maïté restaure, coud et vend des robes anciennes accompagnées de tous leurs accessoires : sous-vêtements de batiste, bas de soie, chaussures de peausserie fine, chapeaux ébouriffants...
Emerveillées par ce luxe inouï, les fillettes du XXIème siècle restent souvent muettes d'admiration, oubliant pour un temps leurs poupées mannequins équipées de talons aiguilles et de robes fluo.
Les véritables amateurs de poupées de collection peuvent aussi confier à Maïté leurs précieuses demoiselles endommagées par le temps. Elle saura les bichonner pour leur faire retrouver l'éclat de leur printemps. Si nécessaire, elle les pourvoira d'une perruque (en mohair ou en cheveux naturels) et les rhabillera de pied en cap, avec des vêtements sur mesure coupés dans des tissus anciens.

Depuis de nombreuses années, Maïté expose aussi, le samedi, le dimanche et le lundi, au Marché Vernaison des Puces de Saint-Ouen, allée 10, stand 259. Tél. 01 40 11 17 73.

Un trousseau merveilleux

« Marguerite était enchantée de sa jolie poupée et de son trousseau. Dans le tiroir d'en haut de la commode, elle avait trouvé :
1 chapeau rond en paille avec une petite plume blanche et des rubans de velours noir ;
1 capote en taffetas bleu avec des roses pompons ;
1 ombrelle verte à manche d'ivoire ; 6 paires de gants ; 4 paires de brodequins ; 2 écharpes en soie ;
1 manchon et une pèlerine en hermine.
Dans le second tiroir :
6 chemises de jour ; 6 chemises de nuit ; 6 pantalons ;
6 jupons festonnés et garnis de dentelle ; 6 paires de bas ;
6 mouchoirs ; 6 bonnets de nuit ;
6 cols ; 6 paires de manches ; 2 corsets ; 2 jupons de flanelle ;
6 serviettes de toilette ; 6 draps ; 6 taies d'oreiller ; 6 petits torchons ;
Un sac contenant des éponges, un démêloir, un peigne fin, une brosse à tête, une brosse à peignes.
Dans le troisième tiroir étaient toutes les robes et les manteaux et mantelets ; il y avait :
1 robe en mérinos écossais ; 1 robe en popeline rose ; 1 robe en taffetas noir ; 1 robe en étoffe bleue ; 1 robe en mousseline blanche ; 1 robe en nankin ; 1 robe en velours noir ; 1 robe de chambre en taffetas lilas ; 1 casaque en drap gris ; 1 casaque en velours noir ; 1 talma en soie noire ;
1 mantelet en velours gros bleu ;
1 mantelet en mousseline blanche brodée. »

Comtesse de Ségur,
Les Petites filles modèles.

Autres idées et adresses dans les 16ème et 17ème arrondissements

Musée de la Marine.
Palais de Chaillot, 17 place du Trocadéro, 16ème.
Tél. 01 53 65 69 53. Métro Trocadéro.
En bordure de Seine, sous une longue galerie vitrée, les vaisseaux de la Marine française traversent gaillardement le temps. Bleue, rouge et or, la *Réale*, galère amirale de Louis XIV, est l'un des fleurons d'une extraordinaire collection de plus de quatre cents maquettes d'époque réunies au musée de la Marine. Passionnant à observer : l'atelier de restauration, où les maquettistes-restaurateurs travaillent devant les visiteurs.
Un livret est disponible à l'accueil pour animer les visites familiales. Des visites contées et de nombreux ateliers sont proposés aux enfants dans le cadre des expositions temporaires.
Idée merveilleuse : on peut combiner une croisière sur la Seine et une visite du musée de la marine ! La compagnie des *Bateaux Parisiens* et le Musée se sont rapprochés pour offrir un tarif réduit sur l'ensemble des deux prestations. (Renseignements au musée, au 01 53 65 69 53, ou à la compagnie des Bateaux Parisiens, au 01 44 11 33 44).
On peut aussi venir par Batobus et descendre à l'arrêt Tour Eiffel.

Musée de l'Homme
Palais de Chaillot, 17 place du Trocadéro, 16ème.
Tél. 01 44 05 72 72. Métro Trocadéro. Site Internet http://www.mnhn.fr/mnhn/mdh/.
Un gigantesque musée qui permet d'embrasser le panorama de l'humanité depuis la préhistoire à notre époque, en passant par toutes les latitudes, des Esquimaux aux indiens coupeurs de tête d'Amazonie. L'atmosphère est peut-être un peu poussiéreuse, dommage...
A ne pas manquer : les mercredis et samedis après-midi, projections de passionnants courts-métrages documentaires sur les différentes cultures du monde. Les séances sont suffisamment courtes (30 mn) pour ne pas lasser les plus jeunes.
Si la visite a aiguisé les appétits, les macarons de chez *Carette* (4 place du Trocadéro) jouissent d'une bonne renommée.

Musée National des Monuments Français.
Palais de Chaillot, 1 place du Trocadéro, 16ème.
Tél. 01 44 05 39 10. Métro Trocadéro.
Ce musée peut plaire aux enfants, avec ses moulages miniatures en plâtre de Notre-Dame, de l'Arc de Triomphe et des plus grands monuments de France.
Des visites et des ateliers sont proposés aux jeunes, autour de l'architecture, du vitrail, de la sculpture et de la fresque (construction de maquettes de châteaux forts, sculpture médiévale...)

Musée d'Art moderne.
11 avenue du Président-Wilson, 16ème.
Tél. 01 53 67 40 80. Métro Alma-Marceau.
Les tout jeunes enfants au regard neuf ont leur place au musée d'Art Moderne. Une courte visite en famille peut être amusante pour tout le monde, les petits n'étant pas avares de réflexions cocasses. Des ateliers remarquables existent pour les « grands » à partir de 6 ans, leur donnant l'occasion de découvrir une exposition puis de s'essayer aux arts plastiques « à la manière de... ».

Musée de la Mode de la Ville de Paris.
Palais Galliera, 10 avenue Pierre-1er-de-Serbie, 16ème.
Tél. 01 56 52 86 20. Métro Iéna ou Alma-Marceau.
Entrée gratuite pour les moins de 13 ans.
Exposition permanente de costumes de 1735 à nos jours, montrés par roulement. Très intéressants ateliers permettant de réaliser des vêtements, des accessoires, ou encore des déguisements inspirés du passé. Inscriptions par téléphone.

Poupée Tendresse.
9 rue Poussin, 16ème. Tél. 01 42 88 50 43. Métro Michel-Ange Auteuil. Site Internet http://www.dolls-paris.com/.
Ici, la maison de poupée se fait art : les proportions sont respectées, les meubles finement ouvragés, les miniatures d'une délicatesse inouïe... Un moment de grâce à partager avec une fillette de dix-douze ans.

La Licorne bleue.
167 rue de la Pompe, 16ème. Tél. 01 47 27 28 97. Métro Victor-Hugo.
Un nom poétique pour un magasin charmant où règnent les jouets en bois. On peut y dénicher également de menus trésors pour goûters d'anniversaire et quelques vêtements en taille Petit Poucet.

L'Incipit.
78 rue de la Tour, 16ème. Métro Passy ou La Muette. Tél. 01 45 03 32 08.
Dans cette librairie, une pièce intime est réservée aux enfants qui peuvent y venir pour lire ou écouter des contes.

Jardin d'Acclimatation.
Bois de Boulogne, 16ème. Tél. 01 40 67 90 82. Métro Porte-Maillot, puis accès par le fameux "petit train". On peut aussi descendre au métro Sablons et gagner le jardin à pied (circuit fléché). Site Internet (très beau) http://www.jardindacclimatation.fr/.
Depuis des générations, les enfants raffolent de ce jardin et de ses célèbres attractions : *rivière enchantée*, labyrinthe de verre, palais des glaces déformantes, Guignol, manèges, pêche à la ligne, ménagerie et *Grande Volière*.
Le jardin d'Acclimatation offre aussi de merveilleux terrains de jeux pour différents âges, une pataugeoire, des aires aménagées pour le pique-nique, un golf miniature et une jolie *Petite Ferme*, où moutons, chèvres et lapins attendent qu'on vienne les admirer.
L'*Exploradome* se propose d'initier toute la famille à Internet, tandis que le merveilleux *Musée en Herbe* multiplie depuis des années les expositions inventives et les ateliers séduisants.
Pour Pâques, le jardin d'Acclimatation invite tous les enfants de la capitale à une immense chasse aux œufs en chocolat. Les enfants peuvent y participer seuls ou avec leurs parents (et les adultes ayant conservé l'enthousiasme de leurs dix ans sont bienvenus même s'ils n'ont pas d'enfants !)

Parc de Bagatelle.
Bois de Boulogne, 16ème. Entrée route de Sèvres ou route de la Longue-Queue.Tél. 01 40 67 97 00. Métro Pont de Neuilly + bus 43 ou 244.
Ah Bagatelle ! Quel charme a cette ancienne folie du comte d'Artois, avec ses vastes pelouses fleuries, ses jardins d'eau et sa roseraie, ses narcisses, ses iris, ses clématites !
Les enfants ne trouvent pas ici les jeux et attractions traditionnels, mais peut-être bien mieux : quel extraordinaire terrain d'aventures que les grottes du « Petit lac », les abords de la cascade, les escaliers du « Grand Rocher » ! De quoi se bâtir cent maisons imaginaires et improviser mille et un jeux délicieux...
A l'entrée du jardin, la terrasse du restaurant-salon de thé, bien abritée, permet de profiter des premiers rayons de soleil dès février-mars. Un endroit des plus charmants pour prendre le goûter, ou même un petit déjeuner dans le matin calme et frais (le jardin ouvre à 8h30 en été, 9h en hiver.)

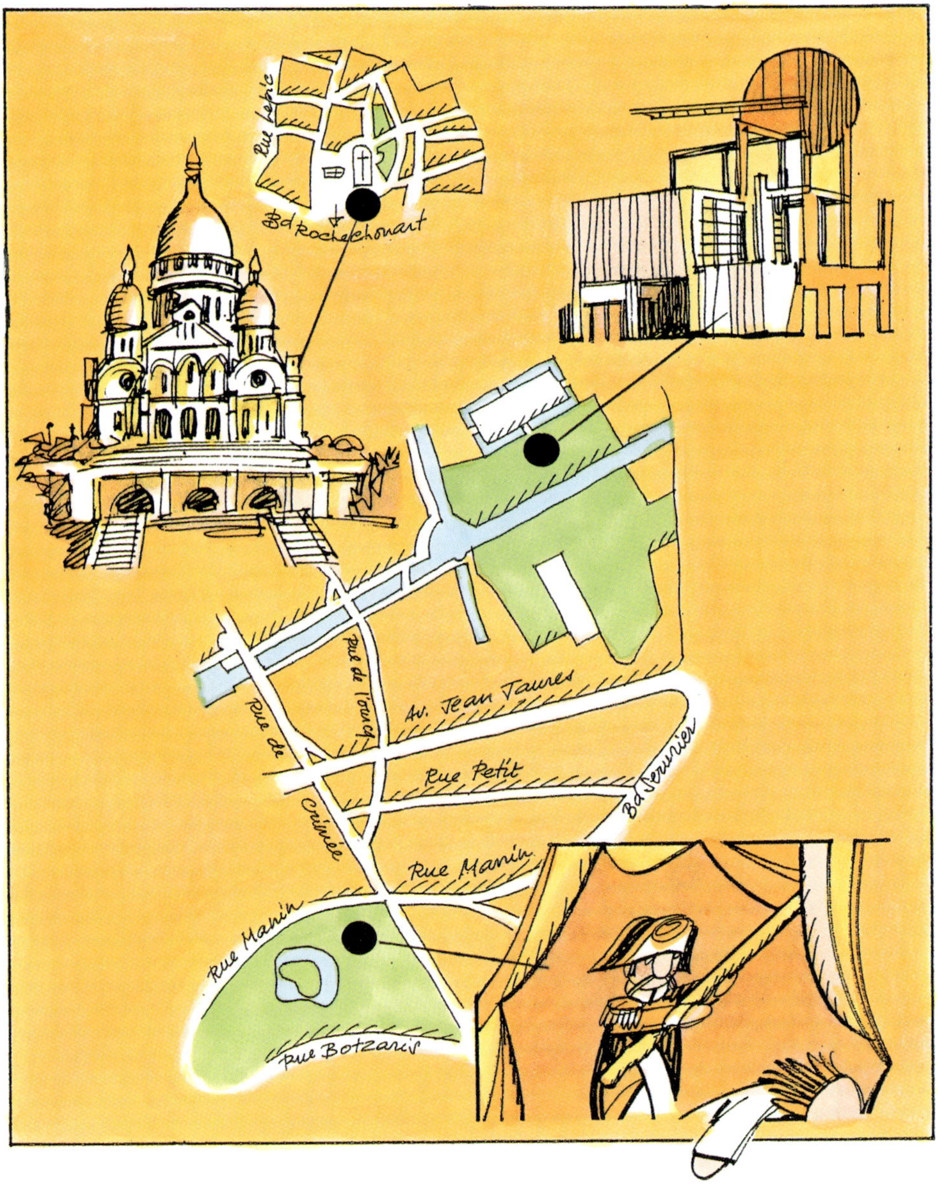
Rue Lepic
Bd Rochechouart
Rue de l'Ourcq
Av. Jean Jaurès
Rue de Crimée
Rue Petit
Bd Sérurier
Rue Manin
Rue Manin
Rue Botzaris

18ème, 19ème et 20ème Arrondissements

Le Sacré-Cœur de Montmartre

18ème

Métro Anvers + funiculaire

Tout savoir sur le Sacré-Cœur

Après la guerre de 1870, les Parisiens décidèrent de construire une très grande église qui dominerait Paris et protégerait la ville à jamais. Depuis 1885 des habitants se relaient jour et nuit dans la Basilique du Sacré-Cœur pour prier le Christ et lui demander de veiller sur Paris ; et depuis plus de cent ans ces prières ne se sont jamais arrêtées.

Le Sacré-Cœur abrite l'une des plus grosses cloches du monde : appelée Marie-Françoise, ou encore la Savoyarde (elle fut fondue en Savoie), elle pèse près de dix-neuf tonnes (19 000 kilos !)
Autre détail curieux : la basilique de Montmartre est construite dans une pierre extraordinaire qui, sous l'effet de l'eau de pluie, sécrète une substance très blanche appelée calcin. Plus le Sacré-Cœur vieillit, plus il blanchit !

Carnet d'adresses

Musée du Vieux Montmartre. 12 rue Cortot. Tél. 01 46 06 61 11.

Halte gourmande : Chez Plumeau. Place du Calvaire. Tél. 01 46 06 27 13. Sur cette minuscule place qui surplombe Paris, ce café-restaurant offre une terrasse ombragée sous une tonnelle de glycine.

UNE BASILIQUE HAUTE ET CREMEUSE

Haute et crémeuse comme un monceau de Chantilly, la **Basilique du Sacré-Cœur** impressionne les enfants.

Le plus amusant est certainement d'y accéder par le funiculaire. A partir de la station de métro Anvers, on remonte la rue Steinkerque, puis on tourne à gauche en suivant le fléchage « funiculaire ». Au pied des jardins du Sacré-Cœur tourbillonne l'un des somptueux manèges anciens qui parsèment la capitale. A gauche du manège, embarquement immédiat pour le sommet de la butte ! Trop rapide au goût des plus jeunes, la montée en funiculaire a néanmoins un plaisant parfum d'aventure. A l'arrivée sur l'esplanade, il est de tradition de s'arrêter un moment et de s'accouder à la balustrade pour tenter de déchiffrer le mystère des toits de Paris. (on peut s'aider d'un plan, mais c'est un peu tricher !)
Après avoir visité l'intérieur du Sacré-Cœur, les courageux attaqueront la montée de 237 marches jusqu'à la galerie circulaire du Dôme, où ils seront récompensés par une vue panoramique à 360 degrés sur la capitale et ses environs.
En sortant de la basilique, il ne restera plus qu'à jouer les parfaits touristes, en passant devant l'église Saint-Pierre de Montmartre (l'une des plus vieilles de Paris), puis en prenant la rue Sainte-Rustique et la rue Poulbot jusqu'à l'adorable place du Calvaire. Clou de la promenade : la célèbre **place du Tertre** où s'agglutine la foule en admiration devant les portraitistes habiles à la caricature.

La promenade pourra se terminer par une visite rapide au **musée du Vieux Montmartre**, où les enfants s'amuseront à repérer sur la maquette de Montmartre le parcours qu'ils viennent d'effectuer.

Parc des Buttes-Chaumont

Entrée face à la mairie du 19ème
Tél. 01.43.98.10.95
Métro Laumière

Le parc des Buttes-Chaumont

Aménagé sur un terrain escarpé, à l'emplacement d'anciennes carrières, ce grand parc se prête aux plus grisantes aventures, avec ses monts et ravins abrupts, sa grotte-cascade, son lac, son île, ses tunnels et son vertigineux pont suspendu. Les plus jeunes ne sont pas encore prêts pour de telles émotions ? Bacs à sable, toboggans et piste de patins à roulettes les accueillent.

Guignol de Paris. Près de l'entrée rue Botzaris, métro Buttes-Chaumont. Tél. 01 43 64 24 29. Pour doubler le plaisir, il n'existe pas un seul, mais deux guignols aux Buttes-Chaumont ! L'un et l'autre sont fermés l'hiver et en cas de pluie (salles non couvertes).

A quelques pas de là

Magasin de jouets L'Enfant et les Sortilèges. 39 rue de Crimée.
Tél. 01 42 41 81 21. A proximité de la sortie Botzaris, une délicieuse boutique tient les promesses de son joli nom : jouets de bois et de métal au charme ensorcelant, poupées de porcelaine, boîtes à musique...

GUIGNOL ANATOLE

Les traditionnels trois coups ont retenti. Le rideau se lève... Guignol se trémousse, Polichinelle se décoiffe et salue princièrement.
Rudimentaire ou confortablement chauffé, caché en quelque coin discret ou fièrement planté au beau milieu du parc, c'est le célèbre Guignol, vedette des squares et jardins de Paris !

Aux Buttes-Chaumont, le **guignol Anatole** est l'un des plus attachants de la capitale. Deux marionnettistes passionnés travaillent « au canevas », en adaptant la trame d'un scénario assez lâche aux réactions de leur petit public du jour. Et le public réagit de toute son âme, soutenant bruyamment son héros préféré et s'égosillant à réclamer des coups de bâton pour le méchant adversaire de Guignol. Cantonnés dans les derniers rangs, les parents sourient au spectacle de leur progéniture trépignant d'excitation. Ah, certes, compère Guignol n'est pas tout jeune, mais il n'a rien perdu de sa verdeur !

Le castelet des Buttes-Chaumont est issu d'une longue histoire. En 1836, le Lyonnais Dumont s'installe dans la capitale, aux Champs-Elysées, puis forme un jeune assistant, Anatole de Cressigny, qui deviendra un brillant marionnettiste. En 1892, le petit théâtre déménage pour les Buttes-Chaumont ; son castelet naïf, le plus charmant de Paris, fonctionnera sans interruption jusqu'en 1999, date où il est anéanti par la tempête du mois de décembre. Reconstruit depuis, le **guignol Anatole** continue à faire le bonheur des jeunes générations.
Exemples d'art populaire du XIXème siècle, certaines de ses marionnettes sont exposées au musée des Arts et Traditions populaires de Paris.

La Géode:

Cité des Sciences de la Villette
30 avenue Corentin Cariou, 19ème.
Tél. 01 36 68 29 30
Métro Porte de la Villette
Site Internet http://www.lageode.fr/

Pour faire de la soirée une vraie fête

Cafétéria de l'Aquarium, au niveau –2 de la Cité des Sciences. Espace de restauration à proximité d'un aquarium à plusieurs vitrines.

Le parc de la Villette. En sortant de la Géode, si le temps est doux, on pourra prolonger l'enchantement par une promenade dans les jardins illuminés de la Villette.

Autres séances de cinéma à la Cité des Sciences de la Villette

Il existe encore à la Villette deux autres cinémas extraordinaires :

Le cinéma Louis Lumière, qui présente des films d'éveil scientifique avec projection en relief.

Le Cinaxe, qui montre de courts documentaires dans une salle mobile recréant l'effet de la vitesse.

UN SOIR A LA GEODE

Haute sphère brillante, la Géode apparaît la nuit comme une gigantesque **boule magique** posée au milieu des **jardins illuminés**. Le jour, il est parfois difficile d'y obtenir des places pour une séance de cinéma. Pourquoi ne pas y aller le soir ? La dernière séance est à 21 heures 45.

La Géode abrite une salle de 400 places équipée d'un **immense écran hémisphérique** où l'image est dix fois plus grande que dans un cinéma classique. Grâce à cet écran et au procédé cinématographique utilisé, le spectateur a la grisante illusion de se trouver au cœur même des paysages et de l'action.
Les films présentés sont des documentaires grandioses, comportant de superbes effets spéciaux, sur des thèmes intéressant toute la famille y compris les enfants à partir de huit-dix ans : la mer, le cirque, les animaux, les pays lointains...
Petit plaisir supplémentaire : les fauteuils inclinés sont luxueusement confortables. On s'installe, on se carre bien à son aise, et... en route pour le voyage !

Détails pratiques :
- La Géode est ouverte 7 jours sur 7. Programmes des films et horaires par téléphone au 01 40 05 79 99. Réservation (indispensable) au 08 92 68 45 40.
- Le soir, on trouve sans problème de la place au parking de la Cité des Sciences. On y accède par le boulevard périphérique, sortie Porte de la Villette (entrée du parking boulevard Macdonald ou quai de la Charente. Puis, accès direct à la Géode).

Autres idées et adresses dans les 18ème, 19ème et 20ème arrondissements

Halle Saint-Pierre et musée d'Art naïf Max Fourny.
2, rue Ronsard, 18ème. Tél. 01 42 58 72 89. Métro Anvers ou Lamarck-Caulaincourt. Site Internet .
Vaste espace paisible sous une charpente métallique à la Baltard, la Halle Saint-Pierre abrite un musée consacré à l'art naïf, des ateliers pour enfants et un auditorium.
Avec ses couleurs éclatantes et ses détails bien léchés, avec ses jungles baroques et ses champs de fleurs qui ressemblent à des forêts de sucettes, l'art naïf a tout pour plaire aux enfants. Et il les séduit tant qu'à la fin de la visite ils voudraient emporter toutes les cartes postales de la librairie !
Aux artistes en herbe, les ateliers de la Halle proposent des animations merveilleusement conçues, en relation ou non avec une visite du musée ou d'une exposition.
A l'auditorium, sont régulièrement joués des spectacles pleins de fantaisie, aux titres cocasses ou poétiques, s'adressant à différentes tranches d'âge à partir de 3 ans.

Marché Saint-Pierre.
rue de Steinkerque, rue Charles-Nodier, 18ème.
Métro Anvers.
Ce marché au nom trompeur est en réalité une juxtaposition de petits et grands magasins de tissu, rassemblés sur deux rues au pied de la butte Montmartre. Aux yeux d'une fillette ne rêvant que robes de princesse et parures de fée, les étals de ce « marché » brillent de mille feux : tulle irisé, rayonne chatoyante, paillettes scintillantes...

L'Eté en pente douce.
23 rue Müller, 18ème. Tél. 01 42 64 02 67.
Métro Anvers ou Lamarck-Caulaincourt.
A mi-chemin entre le marché Saint-Pierre et le Sacré-Cœur, ce salon de thé avec terrasse offre une halte d'autant plus reposante que la montée est rude.

Jardin sauvage Saint-Vincent.
Rue Saint-Vincent, 18ème. Tél. 01 43 28 47 63.
Métro Lamarck-Caulaincourt ou bus 86. Ouvert d'avril à octobre uniquement.
Site Internet www.mairie-paris.fr/Parisweb/FR/VISITER/animations_jardins/.
Au plus secret de la butte Montmartre, herbes sauvages et fleurs toutes simples poussent à foison dans un jardinet sauvage. Rien ne manque à ce petit paradis touffu, pas même la mare où pullulent les araignées et sautent les crevettes d'eau.
On peut venir individuellement ou suivre en famille une « promenade-découverte » adaptée aux enfants. C'est gratuit, mais il est nécessaire de s'inscrire à l'avance par téléphone.

Fête des vendanges de Montmartre.
18ème. Métro Lamarck-Caulaincourt ou bus 86.
Fin septembre, au cours d'une traditionnelle fête folklorique, les vignes du clos Montmartre sont vendangées et le raisin pressé : un authentique cru « Clos Montmartre » sera plus tard vendu aux enchères.
Se renseigner en téléphonant au 01 53 41 18 18 (mairie du 18ème).

Magasin Dentelles et Ribambelles.
6 rue des Trois-Frères, 18ème. Tél. 01 42 54 20 72. Site Internet http://www.dentelles-et-ribambelles.fr/.
Tout près de la ravissante place Emile-Goudeau, le magasin *Dentelles et Ribambelles* enchante les demoiselles. Mobilier lilliputien, papier peint à minuscules motifs, délicieux accessoires... les maisons de poupées à la quiète atmosphère de monde idéal fleurissent dans cette jolie boutique.

Les Jardins de la Villette. Parc de la Villette.
211 avenue Jean Jaurès, 19ème. Métro Porte de la Villette ou Porte de Pantin.
Dans le parc de la Villette, les enfants découvrent avec délice de palpitants jardins comme il n'en existe nulle part ailleurs.
Le *jardin du Dragon* est habité par une longue bête assoupie qui n'effraie personne, dissimule des aires de jeux sous sa queue et offre aux intrépides les glissades les plus échevelées. Les choses se corsent au *jardin des Frayeurs enfantines*, où l'on doit prendre son courage à deux mains pour traverser une forêt parcourue de musique étrange et de sons inquiétants. Heureusement, au *jardin des Dunes*, tout n'est que douceur fluide, avec

des coussins d'air et des matelas d'eau, des cerfs-volants, des éoliennes à pédales et un mur de voiles mobiles si extraordinaire que bien des adultes aimeraient redevenir lutins pour jouer à le .
Au *jardin des Voltiges*, les acrobates sont rois. Ont-ils chaud à force de se démener ? Voici un bon prétexte pour aller se rafraîchir dans les myriades de gouttelettes vaporeuses du *jardin des Brouillards* !

Cité de la Musique.
221, avenue Jean-Jaurès, 19ème. Tél. 01 44 84 45 45. Métro Porte de Pantin. Site Internet (très beau). http://www.cite-musique.fr/français/index.htm/.
La Cité de la Musique est d'abord un paisible et lumineux palais moderne où de longues surfaces blanches s'enroulent en spirale.
La journée du dimanche est spécialement consacrée aux enfants accompagnés de leurs parents : ateliers d'initiation, participation à des jeux musicaux, concerts, visites interactives du musée… autant de propositions vivantes, qui permettent de passer des heures joyeuses en famille.
Réservées aux seuls enfants, d'autres visites ont lieu le mercredi, le samedi et pendant les vacances scolaires, avec des contes, des jeux, des devinettes : *« je suis fier de mes clés argentées et je suis l'ami du roseau, qui suis-je ?"*

L'Argonaute.
Parc de la Villette. 211, avenue Jean Jaurès, 19ème.
Tél. 01 40 05 80 00. Métro Porte de la Villette ou Porte de Pantin.
Echoué sur les pelouses de la Villette, un véritable sous-marin qui se visite de fond en comble.

Librairie l'Atelier d'en face.
3 rue Constant-Berthaut, 20ème. Tél. 01 44 62 20 52. Métro Jourdain.
Situé juste en face d'une librairie pour adultes, cet « atelier » chaleureux est exclusivement dédié aux livres pour la jeunesse et aux bandes dessinées.

L'Amicale Touti Fiesta.
32 rue des Vignoles, 20ème. Métro Buzenval.
Tél. 01 43 70 21 00.
Vaste magasin spécialisé dans les accessoires de fête (cotillons, guirlandes, ballons, recueils de sketches, disques de bruitage, éclairages pour « mini-boum »…).

Parc de Belleville,
20ème. Entrées rue Piat (métro Pyrénées) ou rue des Couronnes, (métro Couronnes).
Au flanc de la colline de Belleville, ce grand parc pentu et fleuri offre aux enfants ses toboggans et ses maisonnettes de bois. Tout en haut, la terrasse-belvédère est située sur l'un des points culminants de la capitale (8 mètres de plus que la Butte Montmartre).

La **Maison de l'Air** (27 rue Piat, tél. 01 43 28 47 63), propose des animations sur le thème de l'air, du vent et des oiseaux.

Jardin naturel.
120, rue de la Réunion, 20ème. Métro Alexandre Dumas. Tél. 01 43 28 47 63.
Site Internet www.mairie-paris.fr/Parisweb/FR/VISITER/animations_jardins/.
Dans ce jardin, on joue autour de la mare aux nénuphars, on se penche sur les pétales à peine défroissés d'un coquelicot, on court parmi les boutons d'or. Des panneaux informent le promeneur sur la flore, la faune et l'écologie du lieu.
On a le choix entre visiter individuellement ou participer à des promenades guidées permettant de découvrir en famille la vie secrète et la biodiversité du jardin. C'est gratuit, mais il est nécessaire de s'inscrire à l'avance en téléphonant au 01 43 28 47 63.

Quelques renseignements utiles

VISITES POUR JEUNES CURIEUX

Musée Carnavalet. 23 rue de Sévigné, 3ème. Tél. 01 42 72 21 13. Métro Saint-Paul ou Chemin-Vert.
Le musée Carnavalet propose aux jeunes des visites particulièrement attrayantes de différents monuments et lieux de Paris : rallye dans le Marais, balade en bord de Seine, reportage-photo, initiation à l'archéologie...
Les enfants à partir de 8-9 ans peuvent participer à des visites collectives ou encore réunir leurs dix meilleurs amis et constituer un groupe privé, pour un anniversaire par exemple.

Le Centre des Monuments Nationaux.
Hôtel de Sully. 62 rue Saint-Antoine, 4ème. Tél. 01-44-61-21-69. Métro Bastille.
Ce très sérieux centre (que l'on appelait autrefois la Caisse nationale des monuments historiques et des sites) organise pendant les petites vacances scolaires des visites de monuments (Conciergerie, Tour Jean-Sans-Peur...) spécialement destinées aux 7-12 ans, qui peuvent venir seuls ou accompagnés d'un adulte.

L'Esprit Culturel. 24 rue Buffault, 9ème. Tél. 01 53 21 05 48.
Pour les enfants de 5 à 11 ans, *l'Esprit Culturel* organise dans les différents sites parisiens des visites à base de jeux, contes, devinettes : jeu de l'Oie au musée Rodin, découverte du surréalisme au centre Pompidou...
Les jeunes participants sont pris en charge pour l'après-midi, goûter compris. On peut s'inscrire pour une seule séance ou par abonnement. Programme détaillé des sorties dans le magazine *Frimousse*.

Rallyes pédestres à travers Paris Mi-balade, mi-jeu de piste, le rallye est une sympathique occasion de découvrir Paris. Ces deux organismes spécialisés proposent des rallyes pour toute la famille ou des jeux de piste culturels réservés aux enfants à partir de huit ans.

Fédération IDF des balades-rallyes. 240, rue Saint Jacques, 5ème. Tél. 01 43 54 36 09.

Compagnie des balades-rallyes. 88 Bd Ney, 18ème. Tél. 01 42 58 63 04.

Atelier Martine Moisan.
6-8 galerie Vivienne, 2ème. Tél. 01 42 97 46 65.
Visiter Paris crayon (ou pinceau) en mains, c'est ce que propose cet atelier original. Le samedi, toute la famille est conviée à la balade ; le mercredi, seuls les enfants prennent le départ. (Inscriptions à la séance, sur réservation).

Children's Academy on Tour.
5 avenue du Maine, 15ème. Tél. 01 42 22 59 00.
Découverte du Paris culturel et artistique (en anglais et en français) pour les enfants et les jeunes de 4 à 16 ans.

PARIS PLUS GRAND, PLUS PETIT, PLUS HAUT, PLUS BEAU

Petit recueil de records parisiens en tous genres...

La maison la plus petite
39 rue du Château-d'Eau, 10ème. Métro Château-d'Eau.
Sa façade ne mesure que 1,10 mètre de large sur 5 mètres de haut.

La maison la plus vieille : la maison de Nicolas Flame 151 rue de Montmorency, 3ème. Métro Arts et Métiers.
Elle fut construite au Moyen Âge, en 1407.
La rue François-Miron, dans le 4ème arrondissement, abrite deux autres maisons de la fin du Moyen Âge : la maison à l'enseigne du Mouton (au n°11) et la maison à l'enseigne du Faucheur (n° 13).

Le pont le plus vieux : le Pont-Neuf 1er. Métro Pont-Neuf.
Le Pont-Neuf, comme son nom ne l'indique pas, est en réalité le plus vieux pont de la capitale. Il fut construit en 1604, sous le règne d'Henri IV. Un secret bien gardé : dans la statue d'Henri IV, qui domine le Pont-Neuf, sont cachés de vieux papiers et une statuette de Napoléon.

La rue la plus étroite : il y en a deux ex aequo, ne mesurant par endroits que 60 cm de large : le **passage de la Duée** (20ème, métro Gambetta) et l'**allée des Faucheurs** (20ème, métro Pyrénées).

La rue du Chat-qui-Pêche (5ème, métro Saint-Michel) est parfois citée à tort comme la plus étroite, mais avec ses de 2m50 de large, c'est presque une avenue par rapport aux précédentes !

La rue la plus longue : la rue de Vaugirard Du 6ème au 15ème. Métro Cluny-Sorbonne, Porte de Versailles.
La rue de Vaugirard est construite sur une ancienne voie romaine ; avec ses 4,3 km de long et ses 399 numéros, elle va du boulevard Saint-Michel à la Porte de Versailles.

L'avenue la plus large : l'avenue Foch 16ème. Métro Charles de Gaulle-Etoile ou Porte Dauphine.
L'avenue la plus large n'est pas celle des Champs-Élysées (70 mètres de large), mais **l'avenue Foch,** qui mesure 120 mètres de large.

L'arbre le plus vieux : le robinier du square Viviani Square Viviani, 5ème. Métro Saint-Michel.
Planté en 1601 par Robin (jardinier d'Henri IV), ce robinier pseudo acacia est le doyen des arbres de Paris : si vieux, si penché, qu'il doit être soutenu par une béquille de ciment.

L'édifice le plus haut : La tour Eiffel Avec ses 320 mètres (antenne comprise) , la tour Eiffel bat largement la tour Montparnasse (210 mètres), les Invalides (105 mètres), le Panthéon (83 mètres) et le Sacré-Cœur (80 mètres).

Le monument le plus beau
Notre-Dame ? La tour Eiffel ? Le Sacré-Cœur ? Le dernier mot appartient aux enfants...

PETITE BIBLIOGRAPHIE PARSIENNE A L'USAGE DES ENFANTS

Une grande fête au jardin du Luxembourg, Martine Beck, Stéphane Girel. Sorbier (Compte comptines), 2000. Le vieux loueur de voiliers du Luxembourg a décidé de s'en aller vivre ailleurs. Enfant du jardin et fils du marchand ballon, Pierre voudrait organiser un spectacle avant le départ de son grand ami...

Eloïse à Paris, Gallimard jeunesse, 1999.
L'inénarrable Eloïse quitte New York et sa chambre du *Plaza* pour un séjour en France. Lorsque ses mille et une inventions saugrenues lui en laissent le loi sir, elle observe Paris et ses habitants d'un regard acéré... Le livre n'a pas pris une ride depuis sa publication en 1957.

La sorcière de la rue Mouffetard et autres contes de la rue Broca. Pierre Gripari. Gallimard Jeunesse, Folio Junior. 1998.
Contes fantastiques ayant pour cadre de vieilles rues parisiennes.

Côté Jardin, Odette Joyeux. Hachette Jeunesse, 2000.
L'authentique histoire d'Odette Joyeux, « petit rat » de l'Opéra dans les années 1920.
Du même auteur dans la même collection : **L'Age heureux, journal de Delphine** : deux petits rats de l'Opéra ont poussé la fameuse « porte interdite » qui mène sur les toits...

Notre-Dame de Paris, Victor Hugo.
Au Moyen Âge, la jeune Esmeralda est accusée de sorcellerie. Heureusement Quasimodo, sonneur de cloches à Notre-Dame, veille sur elle...

Un jour avec la Tour Eiffel, Grasset Jeunesse, Lecteurs en Herbe, 1984.
La Tour Eiffel se transforme en girafe et part à la découverte de Paris...

La naissance de la Tour Eiffel, Jean-Olivier Héron. Actes Sud Junior, Les contes des Métamorphoses, 2000.
La naissance de la Tour Eiffel, racontée de façon cocasse par un marabout africain.
Du même auteur, dans la même collection : **La Naissance de l'arc de Triomphe.**

Le Louvre, Tony Ross. Gallimard, Mes premières découvertes de l'Art, 1995.
Beau livre destiné aux six-huit ans pour une première approche du Louvre et de ses œuvres.

J'observe le musée du Louvre, Jean-Claude Delafosse**.** Gallimard, Mes premières Découvertes de l'Art, 1998.
Pour les tout petits, une visite guidée de six oeuvres incontournables, à la lueur de la torche du gardien de nuit.

Voyage au musée d'Orsay. Réunion Des Musées Nationaux.
Pour les plus grands, un beau voyage très détaillé et bien illustré.

Le Mystère de l'éventail. Sophie Bernard, Gallimard Folio, 1999. Intrigue policière au musée d'Orsay !

SE DEPLACER DE FAÇON AMUSANTE

Le petit train de Montmartre
Départ place Blanche, 9ème. Métro Blanche.
Un ravissement pour les enfants, un plaisir pour toute la famille : prendre le petit train qui escalade la butte Montmartre, permet de faire une pause en haut et redescend en virant sec dans les ruelles étroites.
Départ place Blanche, toutes les 30 minutes, de 10 h à 19h (nocturnes aux beaux jours).

Le Montmartrobus
Bus 64, départ place Pigalle, 9ème. Métro Pigalle.
Peut-être moins exaltant que le *Petit Train*, mais très amusant tout de même (et reposant), ce bus est spécialement conçu pour se glisser là où les lourds autobus habituels ne passeraient pas. Accessible avec un ticket de métro.

Le funiculaire de Montmartre
Départ au pied des jardins du Sacré-Cœur, 18ème. Depuis le métro Anvers, remonter la rue Steinkerque et tourner à gauche en haut de la rue.
Monter à Montmartre en funiculaire, c'est goûter au plaisir tout simple, mais toujours un peu magique, de quitter « l'en-bas » pour se laisser doucement élever dans les airs. Accessible avec un ticket de métro.

Les Batobus
Sous leur bulle de plexiglas, les gros trimarans plats des Batobus donnent l'impression de naviguer à fleur de Seine. Aux beaux jours (avril à octobre) ils transportent Parisiens et touristes au cœur de Paris, à travers huit escales : Musée Guimet, Tour Eiffel, Champs-Elysées, Musée d'Orsay, Musée de la Monnaie, Notre-Dame, Hôtel-de-Ville, Louvre, Jardin des Plantes. Départ toutes les 25 minutes de 10h à 19h (21h de juin à septembre).
Renseignements sur les horaires et lieux d'arrêt en téléphonant au 01 44 11 35 44. Site Internet .http://www.batobus.com/.

Les navettes de la Villette
Pour le plaisir d'arriver à la Villette en bateau ! Toutes les demi-heures, entre 11h et 18h, d'avril à la Toussaint, pendant les week-ends, fêtes et vacances scolaires un bateau navette part de la Rotonde Ledoux et, pour un prix modique (moins de 2 euros) transporte les voyageurs jusqu'au Parc de la Villette (ou vice-versa).
Points de départ et d'arrivée :
- 5 bis, quai de la Loire, métro Jaurès
- Parc de la Villette, folie information, métro Porte de Pantin.

La croisière enchantée
Bateaux Parisiens. Port de la Bourdonnais, 7ème. Tél. 01 44 11 33 44. Métro Bir-Hakeim. (Parking gratuit sur le quai pour les passagers de la croisière).
Au fil d'une croisière sur la Seine, les lutins *Lila et Philou* racontent à leur auditoire passionné l'histoire d'un Paris légendaire. (Enfants de 3-10 ans accompagnés d'adultes).

Les promenades plus traditionnelles en bateau sur la Seine
Les croisières durent une heure et partent selon les compagnies et les saisons à partir de 10h le matin jusqu'à 21h ou 23h le soir.
Vedettes du Pont Neuf. Départ square du Vert Galant, 1er. Tél. 01 46 33 98 38. Métro Pont-Neuf et accès par le pont du même nom. La croisière la plus charmante, avec son embarcadère dans l'île de la Cité, tout près de la romantique pointe du Vert-Galant.
Bateaux-mouches. Départ pont de l'Alma, 16ème. Tél. 01 40 76 99 99. Métro Alma-Marceau. La compagnie la plus célèbre, avec ses grands bateaux panoramiques.
Bateaux Parisiens de Notre-Dame. Départ quai de Montebello, entre le Petit-Pont et le Pont-au-Double, 5ème. Tél. 01 40 76 99 99. Métro Saint-Michel. Accès fort pratique après une visite de Notre-Dame.
Bateaux Parisiens. Port de la Bourdonnais, 7ème. Tél. 01 44 11 33 44. Métro Bir-Hakeim. L'embarcardère est proche de la Tour Eiffel.
Vedettes de Paris. Pont de Suffren, 7ème. Métro Bir-Hakeim. Tél. 01 47 05 71 29. Autre compagnie partant non loin de la tour Eiffel.

Les promenades en bateau sur le canal Saint-Martin
La croisière part de la Seine et comporte un spectaculaire passage sous terre, dans un long tunnel voûté de 2 km, débouchant dans le canal Saint-

Martin. Ecluse après écluse, on avance doucement vers le bassin de la Villette. Le voyage dure 2 heures 30 ou 3 heures (un peu long pour les très jeunes).
Paris-Canal. Tél. 01 42 40 96 97. Départ du Musée d'Orsay, 7ème, (métro Solférino). Arrivée Parc de la Villette (ou le contraire).
Canauxarama. Bassin de la Villette, 13 quai de la Loire, 19ème. Tél. 01 42 39 15 00. Départ du Port de l'Arsenal, 12ème (métro Bastille). Arrivée Parc de la Villette (ou le contraire).

Les autobus à impériale et plate-forme panoramique en pleine air

Les touristes en herbe sont toujours enthousiastes à l'idée de grimper tout là-haut pour voir défiler Paris ! Une compagnie a des bus rouges, l'autre des bus vert et jaune. Dans les deux cas, on achète à bord un forfait de un jour ou deux jours consécutifs, qui autorise à monter et descendre à volonté à chaque point d'arrêt du parcours. Des commentaires sont diffusés par écouteurs individuels.
Le tout est un peu cher (plus de 20 euros le forfait de 2 jours), mais les 4-11 ans paient demi-tarif et c'est gratuit pour les moins de 4 ans.
Parisbus – Les Cars Rouges Tél. 01.42.30.55.50 Points d'arrêt dans chaque grand site parisien (Etoile, Opéra, Concorde, Notre-Dame...) **L'Open Tour.** Tél. 01 42 66 56 56. Site Internet (avec plan des circuits) Plusieurs circuits, passant par tous les monuments et quartiers de Paris, avec plus de 50 points d'arrêt.

Le Balabus

Tél. 01 44 68 43 35.
Des autobus partent de la gare de Lyon, 12ème (métro Gare de Lyon) et traversent tout Paris jusqu'à la Défense, en passant par les sites et les monuments les plus intéressants : Notre-Dame, Concorde, Champs-Elysées, Etoile, les quais, l'île Saint Louis, le Marais...... On peut demander à descendre quand on le souhaite (par exemple pour faire une visite) et remonter ensuite dans le bus suivant (en payant hélas un autre ticket).
Les Balabus circulent uniquement les dimanches et jours fériés, l'après-midi, du 15 avril au 15 septembre. On paye avec des tickets de métro (un à trois selon le parcours).
Les arrêts du Balabus sont indiqués par un " Bb " sur les arrêts de bus correspondant à son trajet.

Le métro aérien

Les enfants raffolent de l'alternance des passages aériens et des plongées sous la terre !
La ligne 6 (Nation - Charles-de-Gaulle-Etoile, par Denfert-Rochereau), qui fait deux fois franchir la Seine (au pont Bir-Hakeim et au pont de Bercy), est la plus spectaculaire. Entre les stations Passy et Bir-Hakeim, la vue est majestueuse, avec la boucle de la Seine, la tour Eiffel tout près et le Sacré-Cœur très loin. C'est si beau que, pour le prix de quelques tickets de métro supplémentaires, on aurait bien envie de refaire la traversée plusieurs fois !
La ligne 1 comporte un bref passage aérien au niveau de la station Bastille. Si l'on descend à cette station (en arrivant dans le sens Défense vers Vincennes), on a la jolie surprise d'apercevoir tout le port de l'Arsenal et ses bateaux, à travers une large baie vitrée sur le quai du métro.

Le métro Météor

Entre Madeleine et Bibliothèque, la courte ligne *Météor* (ligne 14) vaut la peine d'être parcourue rien que pour le plaisir. Véritable mystère, les rames argentées que nul ne conduit glissent sans bruit et s'arrêtent le long des quais à l'abri d'une vitre transparente.
A ne pas manquer : le puits de lumière de la station Madeleine et les Serres tropicales de la station Gare de Lyon, où des plantes géantes se déploient et s'enchevêtrent aussi bien que dans une jungle.

La montgolfière du parc André Citroën.

Parc Citroën. Quai André-Citroën, rue Leblanc, rue Saint-Charles, rue de la Montagne-de-la-Fage, rue de la Montagne-de-l'Esperou, 15ème. Tél. 01 44 26 20 00. Métro Balard ou Javel.
Certains enfants contemplent avec perplexité ce grand ballon bleu ancré au beau milieu du parc André Citroën et n'ont aucune envie d'y mettre le pied. D'autres brûlent du désir de partir à l'assaut du ciel. Quelle aventure ! On n'ira peut-être pas bien loin (le ballon est retenu par une corde), mais on montera tout de même à 150 mètres.
Les décollages sont très dépendants des caprices météorologiques, ils est préférable de téléphoner le matin même pour s'assurer que les vols auront lieu.
(Tarif du vol : 10 euros, tarif enfant 5 euros, gratuit pour les parisiens de moins de 12 ans sur présentation d'un justificatif de domicile.)

Remerciements

A ma fille Véronique, qui me déclara un soir d'été du haut de ses six ans : « Si on sortait Maman ? J'ai envie de voir la nuit ! »

A Diane, Elodie, Martin et Arnaud qui ont pris très au sérieux leur rôle de « testeurs » de sorties parisiennes.

A mon merveilleux Grand-papa, qui m'a fait trottiner derrière lui dans tous les quartiers de la capitale, des jardins du Trocadéro à la rue Cadet.

A Maman qui surveilla mes jeux puis ceux de ma fille dans les jardins de Paris.

A mon cher Monsieur Bongini qui m'a encouragée dans le projet de ce livre.

A Monsieur Vayssières qui a su traduire avec talent mes idées en couleur

A ma fidèle Isabelle à l'œil de lynx qui m'a encore une fois aidée à traquer la coquille.

L'auteur vous prie de l'excuser à propos du changement d'adresse ou de numéro de téléphone de certains lieux indiqués dans l'ouvrage.

Responsable de la publication: Joël Bongini
Conception: Jean-Jacques Vayssières
Photocomposition-montage: Fabien Bongini
Photogravure: Garonne Compo, 31240 L'Union

A chevé d'imprimer en novembre 2003
sur les presses de l'imprimerie SRI Feuille
1, rue Borde Basse - 31240 L'UNION

Dépôt légal : Novembre 2003

N° 2003-11-135